PRISÃO E MEDIDAS CAUTELARES
práticas e consequências

SÉRIE ESTUDOS JURÍDICOS: DIREITO CRIMINAL

EDITORA
intersaberes

Kauana Vieira da Rosa Kalache

EDITORA intersaberes

Rua Clara Vendramin, 58 . Mossunguê . Cep 81200-170 . Curitiba . PR . Brasil
Fone: (41) 2106-4170 . www.intersaberes.com.br . editora@editoraintersaberes.com.br

Conselho editorial Dr. Ivo José Both (presidente), Drª Elena Godoy, Dr. Neri dos Santos, Dr. Ulf Gregor Baranow ▪ **Editora-chefe** Lindsay Azambuja ▪ **Gerente editorial** Ariadne Nunes Wenger ▪ **Assistente editorial** Daniela Viroli Pereira Pinto ▪ **Preparação de originais** Jéssica Gomes de Gusmão da Silva ▪ **Edição de texto** Monique Francis Fagundes Gonçalves ▪ **Capa** Luana Machado Amaro ▪ **Projeto gráfico** Mayra Yoshizawa ▪ **Diagramação** Luana Machado Amaro ▪ **Iconografia** Regina Claudia Cruz Prestes

Dados Internacionais de Catalogação na Publicação (CIP)
(Câmara Brasileira do Livro, SP, Brasil)

Kalache, Kauana Vieira da Rosa
   Prisão e medidas cautelares: práticas e consequências/Kauana Vieira da Rosa Kalache. Curitiba: InterSaberes, 2021. (Série Estudos Jurídicos: Direito Criminal)

   Bibliografia.
   ISBN 978-65-5517-806-7

   1. Medidas cautelares - Brasil 2. Prisão (Direito penal) – Brasil 3. Processo penal – Brasil I. Título. II. Série.

20-44497   CDU-343.126

Índices para catálogo sistemático:
1. Prisão: Medidas cautelares:
Direito processual penal 343.126

Cibele Maria Dias – Bibliotecária – CRB-8/9427

1ª edição, 2021.

Foi feito o depósito legal.

Informamos que é de inteira responsabilidade da autora a emissão de conceitos.

Nenhuma parte desta publicação poderá ser reproduzida por qualquer meio ou forma sem a prévia autorização da Editora InterSaberes.

A violação dos direitos autorais é crime estabelecido na Lei n. 9.610/1998 e punido pelo art. 184 do Código Penal.

Sumário

13 ▪ Apresentação
15 ▪ Introdução

Capítulo 1
19 ▪ **Origem da prisão e ampliação do uso**
25 | O poder de punir cautelarmente

Capítulo 2
29 ▪ **Prisão processual**
31 | Prisão em flagrante
41 | O juiz de garantias
57 | Prisão preventiva
80 | Prisão especial
82 | Prisão temporária
85 | Medida de internação provisória de menores infratores
90 | Medida de segurança

Capítulo 3
97 ▪ **Medidas cautelares diversas**

Capítulo 4
111 ▪ Liberdade provisória
113 | Crimes inafiançáveis
117 | Fiança
125 | Relaxamento e revogação da prisão cautelar

Capítulo 5
129 ▪ Princípios norteadores do processo penal
130 | Presunção de inocência
133 | Jurisdicionalidade e motivação
142 | Contraditório
145 | Provisionalidade
149 | Provisoriedade
151 | Excepcionalidade
153 | Proporcionalidade

Capítulo 6
159 ▪ Medidas assecuratórias

Capítulo 7
165 ▪ Prisão cautelar como estratégia
166 | Crítica nacional
168 | Crítica internacional

Capítulo 8
173 ▪ Cárcere e direitos individuais
174 | Direitos não atingidos da pessoa presa
184 | Regime Disciplinar Diferenciado
194 | Privatização do sistema carcerário

201 ▪ Considerações finais
205 ▪ Referências
223 ▪ Sobre a autora

Este livro é dedicado a todos aqueles que labutam por um sistema de justiça democrático.

Agradeço à minha família, cujo amor incondicional propiciou a busca livre por mim mesma, sem temer os inevitáveis fracassos decorrentes dessa jornada.

Agradeço a meu esposo, Georges, por acreditar e me fazer acreditar também, sempre.

Agradeço à minha filha, Georgia, por viver bravamente à falta de tempo imposta por projetos profissionais e acadêmicos, sem perder o sorriso mais lindo do mundo.

Agradeço aos professores que passaram por minha vida acadêmica, com uma dogmática penal e processual penal constitucionalmente pautada, garantista, contribuindo de maneira generosa para minha formação e impactando significativamente no meu desejo de perseguir a carreira docente.

Agradeço aos amigos e parceiros de Academia, aqui representados pelos professores André Peixoto de Souza e Tiemi Saito, os quais materializam a atividade acadêmica pautada na colaboração, na ajuda mútua, na doação, no compartilhamento e no crescimento conjunto.

Apresentação

O Brasil é hoje a terceira maior população carcerária do mundo, e o nosso sistema comporta prisões comparadas a masmorras medievais – com celas superlotadas, sem condições de higiene básica aos internos. Nelas, a violência abunda e o controle é, muitas vezes, exercido por organizações criminosas, as quais geram indivíduos propensos ao cometimento de novos crimes. Em virtude disso, faz-se necessário analisar com atenção as regras envolvendo o aprisionamento em nosso ordenamento jurídico.

Neste livro, trataremos, mais especificamente, das regras processuais envolvendo a prisão cautelar e demais medidas cautelares alternativas, lembrando que quase metade dos presos em nosso país são presos cautelares, provisórios, os quais ainda não foram condenados e sentenciados criminalmente à pena privativa de liberdade.

As reflexões aqui trazidas destinam-se àqueles que buscam compreender as situações legais ensejadoras da privação de liberdade do sujeito no curso da investigação ou da ação penal, não se limitando, porém, a isso. Buscamos despertar a consideração crítica acerca do (super)encarceramento em prática em nosso país, lançando luz sobre as medidas alternativas à prisão à disposição em nosso ordenamento jurídico, na busca pela humanização do processo penal.

Objetivamos escancarar a lacuna entre o "é" e o "deveria ser" existente no processo penal brasileiro, tendo em consideração que o processo é e sempre será a luta do imputado, um fardo que, independentemente da aplicação de detenção, será sofrível, com sua natureza coercitiva e restritiva.

O direito à liberdade deveria ser a regra, ao menos até que haja condenação legalmente imposta. Frente a práticas abusivas e excessos, como no caso da superutilização de prisões cautelares, o papel de acadêmicos e operadores do direito é, ao contrário da sua naturalização, a crítica constante, o seu reiterado rechaçamento, com a reafirmação de suas ilegalidades, visando à diminuição de suas incidências.

Introdução

Na atualidade, o Brasil ocupa o terceiro lugar no *ranking* mundial de população carcerária, com mais de 800 mil pessoas presas, ficando atrás apenas da China e dos Estados Unidos.

Todavia, não é apenas o alto índice de encarceramento que coloca o sistema prisional brasileiro em alerta. A falta de vagas em presídios, a insalubridade e as condições de vida intramuros, o domínio do cárcere por facções criminosas, a violência e o alastramento de rebeliões pelo país, os altos índices de reincidência e a incapacidade de se atingir as finalidades da pena também são temas que geram debate quanto ao aprisionamento em nossas instituições totais.

No centro dessas discussões está a medida de prisão cautelar, que figura como possibilidade de aprisionamento do indivíduo de forma provisória (a chamada *prisão processual*), e não como prisão para cumprimento de pena legalmente imposta. Tendo em vista a crise do sistema carcerário nacional e a alta representação de prisões provisórias entre a população aprisionada, o tema é muito discutido entre os operadores do direito, que veem como desejável a substituição da prisão cautelar por medidas cautelares diversas.

Ademais, a rotineira utilização da prisão processual levanta questionamentos quanto à inobservância de princípios constitucionalmente garantidos àquele que é investigado ou responde à ação criminal, como a exemplo do princípio da presunção de inocência, cláusula pétrea da Constituição Federal.

Neste livro, buscaremos examinar o surgimento e a ampliação de uso da prisão, focando nossos olhares na prisão processual, suas espécies e requisitos de aplicação, nas medidas cautelares diversas à prisão à disposição da autoridade judicial, bem como nos princípios norteadores do processo penal consagrados constitucionalmente.

Analisaremos, ainda, as alterações legislativas concernentes às medidas cautelares, trazidas pela Lei n. 13.964, de 24 de dezembro de 2019 (Brasil, 2019a), a denominada *Lei Anticrime*, com especial atenção às mudanças relativas à prisão provisória, à audiência de custódia após prisão em flagrante e à figura do juiz de garantias.

Finalmente, além de buscarmos compreender os aspectos práticos das medidas cautelares, lançaremos um olhar crítico sobre seus impactos no sistema carcerário, colapsado pela superpopulação institucionalizada, sob domínio de facções criminosas, em ambiente degradante, violento e de prática regular dos mais diversos abusos, impostos tanto por internos quanto por oficiais do sistema de justiça. A mesma análise se estende a casas e hospitais de custódia, locais de detenção no caso de semi-imputáveis ou inimputáveis.

A presente obra foi elaborada com foco nos operadores do direito, não estando, todavia, a eles restrito. Para isso, utilizamos não apenas a análise da letra da lei em conjunto com a doutrina, mas também o estudo de decisões judiciais e da jurisprudência dominante sobre o assunto, a fim de garantir a compreensão do tema por meio de exemplos práticos.

Desejamos que sua experiência com este texto seja tão prazerosa quanto me foi sua elaboração. Boa leitura!

Capítulo 1

*Origem da prisão
e ampliação do uso*

Para uma breve contextualização histórica (Kalache; Souza, 2019), é importante salientar que no sistema feudal, anterior ao capitalismo, a prisão-pena não existia, sendo o cárcere medieval de caráter processual (Melossi; Pavarini, 2017). A pena medieval enfatizava a ofensa ao divino, exercendo função de castigo e expiação, e, para efeitos de equivalência ao dano causado, eram socialmente considerados valores como a vida e a integridade física, por exemplo.

Naquele momento histórico, vivia-se a espetacularização do castigo como meio de prevenção geral contra o crime, com a ausência de limites na aplicação da sanção, que se aproximava da pena eterna:

> Aquela monstruosidade jurídica não podia ser derivada da razão, porquanto seus alicerces jaziam na crença no inferno. Que eles lançassem um olhar aos museus e às câmaras de tortura. Isto bastava para perceber que aqueles métodos de beliscar, esticar, tostar e apertar com parafusos manifestamente haviam brotado de uma imaginação pueril e obcecada, do desejo de imitar piedosamente o que acontecia nos lugares do castigo eterno, lá no Além. Ainda se tencionara, com isso, fazer o bem do malfeitor. Supusera-se que a própria alma sofredora dele lurava pela confissão, e que só a carne, como princípio do mal, se opunha a essa boa vontade. De maneira que se pensara prestar um serviço caridoso, ao subjugar a carne por meio da tortura. Desatino de ascetas [...].[1] (Mann, 2016, p. 528)

---

1 Hans Castorp, personagem de Thomas Mann, refletindo acerca do papel da razão na criação da tortura e penas corpóreas na obra A *Montanha Mágica*, de 1924.

Foi a igreja que iniciou, com os clérigos, a implementação da pena privativa de liberdade como sanção, de forma pública, por meio da confissão e penitência. A pena eclesiástica tinha natureza terapêutica, correcional, a ser cumprida por determinado período. Apesar de ignorar o trabalho carcerário, o regime penitenciário canônico previa o isolamento social na busca pelo arrependimento.

A partir do século XVI, com o início do desenvolvimento do atual sistema econômico, capitalista, em oposição à economia feudal, a situação começa a mudar. Ocorre a expulsão dos trabalhadores do campo, que passam a ocupar as cidades em situação de desemprego e mendicância. O Estado reage ao movimento social com legislações que coíbem práticas como mendicância e vagabundagem, diferenciando, inclusive, os vagabundos legítimos (que poderiam manter o *status* ante a impossibilidade de trabalhar) dos ilegítimos (sujeitos, portanto, à legislação, que consistia no sofrimento de açoites e proibição do recebimento de caridade). Conforme contido na obra de Melossi e Pavarini (2017), e reafirmado na obra literária de Mann (2016, p. 36), "o açoite, o desterro e a execução capital foram os principais castigos da política social inglesa até a metade do século 16".

Surgem então, na Inglaterra, as *houses of correction*, com autorização concedida pelo rei para uso do castelo de Bridewell para acolher desocupados e infratores de crimes menores. Por essa razão, as instituições espalhadas por toda a Inglaterra eram também denominadas *bridewells*. Como *modus operandi* na busca da correção dos internos, exigia-se o trabalho obrigatório e a disciplina, tendo como finalidade a prevenção geral contra o crime.

Até o fim do século XVII, os Estados Unidos seguiam a legislação inglesa, inclusive as práticas que envolviam sanções penais, com castigos corporais e penas de morte. A emancipação da colônia[12] e o "processo rápido e violento de mutação da economia americana pós-revolucionária" (Melossi; Pavarini, 2017, p. 167), aliados à dissolução do grande latifúndio, à escassez da mão de obra e seu alto custo e ao desenvolvimento industrial (com a utilização do tear mecânico e a urbanização), tornaram correntes a prática do encarceramento de *fellons* (criminosos) e de pessoas em situação de risco que colocavam em xeque a ordem social. Assim, pobres, mendigos, crianças órfãs e doentes mentais eram detidos e submetidos a trabalho forçado nas *houses of correction* ou *workhouses* (Melossi; Pavarini, 2017).

A transformação econômica acarretou o crescimento da marginalização social, sendo seus efeitos entendidos como problemas políticos e solucionáveis. Todavia, apesar da convicção de prosperidade nacional, a densidade de pobres era elevada no país. Mesmo com a alta industrialização, a mão de obra disponível não foi completamente absorvida, chegando alguns autores a afirmar que a população ativa no mercado de trabalho

---

2 Interessante ressaltar que a imigração ilegal nos Estados Unidos ensejava a prisão preventiva ou a deportação de estrangeiros pobres desde a época colonial (Melossi; Pavarini, 2017).

norte-americano resumia-se a 5% (cinco) por cento do total de habitantes (Melossi; Pavarini, 2017).

Na contramão de tal fato, a conclusão a que se chega na obra de Melossi e Pavarini (2017) é a de que a situação econômica dos Estados Unidos permitia o pleno emprego, e, por isso, "a causa principal do pauperismo só pode ser individual" (Melossi; Pavarini, 2017, p. 179). Daí a classificação dos indivíduos como culpáveis (no inglês, *pauper*) e não culpáveis (no inglês, *poor*), sendo a responsabilidade subjetiva conferida à condição de "indigente e carente" (Melossi; Pavarini, 2017).

Assim, o comportamento desviante criminoso passa a ser ligado a diversas situações sociais, como pobreza, alcoolismo, doença mental e orfandade, entendendo-se como inútil o gasto social para atendimento dessas classes. A loucura, por exemplo, tida como fruto das contradições sociais, e impossível de ser detida, era gerida por meio de internamento e segregação. Com isso, iniciava-se o movimento de abandono da assistência social em favor do internamento compulsório, acompanhado pelo trabalho forçado. Assumia-se "a disciplina do trabalho, com o intuito de impor, pela força, aquele processo reeducativo que – em um nível puramente imitativo da práxis dominante na Europa – se julgava oportuno para o futuro proletariado" (Melossi; Pavarini, 2017, p. 185).

Todavia, no século XVIII, o desdobramento dessa nova política resultou em cadeias (*jails*) vazias e *workhouses* repletas de pessoas as mais diversas possíveis. Além do alto custo de vigilância com as referidas instituições, a produtividade do trabalho institucional não era satisfatória nos modelos existentes. Surge, assim, no século XIX, a penitenciária (*penitentiary system*), com isolamento celular dos internos, silêncio compulsório, meditação e oração, aplicação da estrutura panóptica de Bentham e do confinamento solitário.

Ocorre que tal prática segregacionista não era propícia ao desenvolvimento laboral do interno, e a escassez da força de trabalho ensejou a reintrodução do trabalho produtivo intramuros, com estrutura similar à da fábrica e com parcerias privadas, assinalando a "completa industrialização carcerária" (Melossi; Pavarini, 2017, p. 185).

Até o Código de 1830, vigia em matéria penal no Brasil, então colônia de Portugal, o constante das Ordenações Filipinas, não tendo as ordenações anteriores tido impacto relevante no território colonizado. Não havia um sistema carcerário de fato vigente na colônia, uma vez que as prisões eram lugares de passagem, de espera, do condenado para o cumprimento da pena imposta, a qual consistia, via de regra, em pena de lesão corporal, de morte, trabalhos forçados, desterro, entre outras da mesma espécie.

Apenas com o advento do Código Criminal de 1830 é que a prisão passa a ser a pena fundamental, mesmo admitindo-se ainda a pena de morte e de lesão corporal, especialmente para os escravos. De lá para cá, o aumento exponencial da população carcerária é fenômeno mundial, com algumas exceções, como a Holanda, que, em um movimento inverso, tem fechado presídios por falta de internos (Holanda, 2018)[13].

Com uma população carcerária que soma mais de 800 mil pessoas, o Brasil ocupa hoje o terceiro lugar no *ranking* de cidadãos presos, ficando atrás apenas da China e dos Estados Unidos. De acordo com levantamento recente realizado pelo Conselho Nacional de Justiça (CNJ), quase metade dos presos brasileiros, 41,5%, encontram-se reclusos em condição provisória, por meio de prisões cautelares, ou seja, processuais. Não há contra esses internos decisão condenatória transitada em julgado, conforme requisito constitucional para caracterização de culpa e cumprimento de pena (Barbiéri, 2019).

Quase metade dos presos não está cumprindo pena, em teoria, estando submetida à prisão como medida provisória durante a manutenção de investigação criminal e/ou ação penal.

— 1.1 —
O poder de punir cautelarmente

O *jus puniendi* é reconhecido como *poder jurídico*, e não como força exercida contra o delito. Sanções determinadas sem a observância de princípios constitucionais não são passíveis de ser entendidas como penas (sendo estas manifestações do poder de punir), mas apenas como atos de hostilidade ou castigo arbitrário, desde Hobbes (Antón, 2011).

---

3   Nos últimos anos, 19 prisões foram fechadas no país.

Assim, conforme aduz Antón (2011), há uma distribuição de funções entre a jurisdição ordinária – com função de exercer o direito ao castigo e com uso da força prevista na lei – e a jurisdição constitucional. Esta última tem a função de garantir a limitação do poder de punir (material e processual), fazendo respeitar os direitos fundamentais do acusado (Antón, 2011).

Nesse contexto, a legislação confere, de um lado, poderes e faculdades (a quem detém o poder de punir, ou seja, o Estado), e, de outro, direitos e liberdades (àqueles sobre quem recai o poder punitivo estatal, ou seja, os cidadãos), os quais não podem ser absolutos sem se anularem (Antón, 2011). As ações que ocorrem além dos limites constitucionais ao *jus puniendi* são atos de força bruta apenas, não sendo considerados formas de punição.

O direito de punir está atrelado à imposição de pena e seu cumprimento, o que apenas ocorre após a condenação transitada em julgado do acusado. Trazendo a limitação do poder de punir para o âmbito da aplicação de medidas cautelares, abstrai-se que a limitação de ação do Estado deve ser ainda mais rigorosa, uma vez que sua força coercitiva é exercida contra pessoas ainda não condenadas criminalmente mediante conclusão do devido processo legal.

Deve haver ainda mais rigor quanto aos critérios a serem atingidos para legitimar a restrição de direitos quando ela se dá de forma cautelar. Sim, trataremos aqui de prisão processual e cerceamento de liberdades individuais de maneira provisória. Todavia, aquele que sofre a constrição de direitos, especialmente a privação de liberdade, está, de fato, sendo punido diariamente, enquanto perdurar a medida – e veremos que ocorre, não raramente, a prática de excessos no que tange ao tempo de duração de prisão cautelar.

Por isso, discutiremos os limites constitucionais ao poder de impor restrições de direitos aos cidadãos, mesmo que de maneira provisória, como princípios balizadores do processo penal e da aplicação de medidas cautelares. Também analisaremos a função desempenhada pelo juiz, suas limitações dentro de uma estrutura acusatória de processo penal, além do papel desenvolvido pelo juiz de garantias na fase pré-processual.

Capítulo 2

Prisão processual

A prisão-pena ocorre como forma de cumprimento de sentença penal condenatória e somente após o trânsito em julgado. O princípio da presunção de inocência, cláusula pétrea da Constituição, garante que o indivíduo somente seja privado de sua liberdade após o devido processo legal, com imputação de culpa e imposição de sentença. Conforme seu art. 5º, inciso LVII, "ninguém será considerado culpado até o trânsito em julgado de sentença penal condenatória" (Brasil, 1988).

O direito penal consiste em normas penais, as quais definem condutas proibidas (crimes) e suas penas, cuja aplicação é estabelecida por princípios – como o princípio da legalidade, por exemplo (Santos, 2010). Já o processo penal define o procedimento seguido para a aplicação das normas penais, de maneira justa e em observância a princípios constitucionais, como os já citados princípios da presunção de inocência, do devido processo legal, da ampla defesa, entre outros. Assim sendo, regras de processo penal, baseadas em princípios constitucionais, garantem que o indivíduo poderá ser privado de sua liberdade apenas após sentença condenatória irrecorrível.

Não obstante, existe a possibilidade de prisão do sujeito, para além do anteriormente disposto, nos casos de prisão processual. Trata-se de detenção que poderá ocorrer até mesmo em fase de investigação policial, quando sequer há imputação ou denúncia do acusado, não estando, todavia, limitada a esse momento. Haverá a possibilidade de prisão cautelar também durante a fase processual, cabendo, inclusive, após sentença condenatória não transitada em julgado.

Via de regra, a prisão processual justifica-se nos casos em que sua imposição é essencial para o bom andamento do processo ou da investigação, como veremos adiante. Ou seja, quando a liberdade do sujeito põe em risco a elucidação dos fatos, o devido processo penal ou a aplicação da lei penal, por exemplo.

Aqui trabalharemos grande parte das mudanças do Código de Processo Penal, doravante CPP, trazidas pela Lei Anticrime no que tange às prisões processuais. Apesar de muitas críticas dirigidas à lei, observa-se positivamente o esforço para implementação de regras de estrutura acusatória. São espécies de prisão processual a prisão em flagrante, a preventiva e a temporária, havendo requisitos mínimos a serem alcançados, bem como limites impostos para a aplicação dessas formas de prisão cautelar, conforme passaremos a analisar.

— 2.1 —
Prisão em flagrante

De conhecimento geral e amplamente divulgada por fontes midiáticas, a possibilidade de prisão em flagrante está presente em nosso ordenamento jurídico no art. 283 do CPP, que também traz as demais possibilidades de prisões cautelares:

> Art. 283. Ninguém poderá ser preso senão em **flagrante delito** ou por ordem escrita e fundamentada da autoridade judiciária competente, em decorrência de sentença condenatória transitada em julgado ou, **no curso da investigação ou do**

processo, em virtude de **prisão temporária** ou **prisão preventiva**. (Brasil, 2011, grifo nosso)

Assim sendo, o flagrante delito é uma das possibilidades de privar alguém de sua liberdade sem que haja sentença condenatória transitada em julgado – as outras são as prisões temporária e preventiva.

Senso comum é a ideia de que a prisão em flagrante ocorre quando se vê um indivíduo cometendo um crime. Essa hipótese está correta, porém não é única, havendo também a possibilidade de flagrante momentos após o cometimento do crime, quando há perseguição do sujeito, ou quando há alguém que, pela situação ou instrumentos que possui, apresenta indícios de autoria e materialidade em relação a uma conduta criminosa.

Trata-se de flagrante próprio aquele em que o sujeito é apreendido no momento do cometimento do crime, o qual muitas vezes deixa de se consumar ante o flagrante. Também se caracteriza como próprio aquele em que o sujeito é preso logo após a realização da conduta.

Vamos analisar dois exemplos. Se João é surpreendido cortando com alicate o cadeado de uma bicicleta que não é sua com a intenção de se apropriar dela, visto que sempre quis uma de igual modelo e nunca conseguiu comprar, estamos diante de uma situação de flagrante próprio de crime de furto. Se João é surpreendido logo após ter tomado posse da bicicleta, ainda enquanto dá as primeiras pedaladas na rua, também aqui temos um exemplo de flagrante próprio do crime de furto.

Por outro lado, é espécie de flagrante impróprio situação em que o sujeito é perseguido, logo após a realização do tipo penal, em circunstância que faça presumir ser ele o autor da infração. A perseguição deve se iniciar minutos após o fato, mesmo que perdure horas. Acerca do conceito de perseguição, o art. 290 do CPP dispõe que:

> Art. 290.
>
> [...]
>
> § 1º. Entender-se-á que o executor vai em perseguição do réu, quando:
>
> a) tendo-o avistado, for perseguindo-o sem interrupção, embora depois o tenha perdido de vista;
>
> b) sabendo, por indícios ou informações fidedignas, que o réu tenha passado, há pouco tempo, em tal ou qual direção, pelo lugar em que o procure, for no seu encalço. (Brasil, 1941)

Imagine a seguinte situação envolvendo o caso do supracitado João: ninguém o vê furtar a bicicleta, mas o veem pedalando na rua após perceberem que a bicicleta foi furtada. Após perseguição, João é preso. Trata-se de exemplo de flagrante impróprio de furto.

Também caracteriza espécie de flagrante impróprio situação em que o sujeito é encontrado, logo depois do fato, com instrumentos que façam presumir ser ele o autor. Ou seja, voltando ao caso hipotético: se João for encontrado com um alicate e um cadeado arrebentado no bolso – o qual contém o nome e telefone do proprietário da bicicleta –, estaremos diante de mais uma possibilidade de prisão em flagrante impróprio. O art. 302 do CPP trata exatamente dessas situações de flagrante em seu texto:

> Art. 302. Considera-se em flagrante delito quem:
>
> I – está cometendo a infração penal;
>
> II – acaba de cometê-la;
>
> III – é perseguido, logo após, pela autoridade, pelo ofendido ou por qualquer pessoa, em situação que faça presumir ser autor da infração;
>
> IV – é encontrado, logo depois, com instrumentos, armas, objetos ou papéis que façam presumir ser ele autor da infração. (Brasil, 1941)

Além das espécies de flagrante descritas, nos crimes permanentes há possibilidade de flagrante enquanto não cessar a permanência, conforme art. 303 do CPP. Nos crimes permanentes, "a consumação se prolonga no tempo, fazendo com que exista um estado de flagrância igualmente prolongado" (Lopes Junior, 2013, p. 813). São exemplos de crimes permanentes a receptação, a ocultação de cadáver, a evasão de divisas, o cárcere privado, entre outros.

Vale lembrar que, segundo o Código Penal (CP), art. 180, a receptação consiste em adquirir, receber, transportar, conduzir ou ocultar objeto que sabidamente é produto de crime. Já o ato de destruir, subtrair ou esconder corpo de pessoa morta consiste no crime de ocultação de cadáver (CP, art. 211). A evasão de divisas é crime financeiro, regulado por lei extravagante, que representa a conduta de enviar para o exterior valores sem a respectiva declaração. Por fim, o cárcere privado consiste em reter pessoa contra a sua vontade, privando-a de sua liberdade (CP, art. 148).

No caso de cárcere privado, há a possibilidade de prisão em flagrante enquanto durar a situação criminosa (privar alguém de sua liberdade mediante tal prática). Cabe ressaltar que a doutrina majoritária entende não caber a prisão em flagrante em crimes habituais – de prática reiterada e com habitualidade, como seria a manutenção de casa de prostituição, por exemplo.

Existem, por outro lado, situações consideradas ilegais, abrangendo casos de flagrante forjado, provocado, preparado, esperado e protelado. O flagrante **forjado, mais conhecido, trata da criação** de situação que torne a prisão possível. Inclui aqueles casos de prova "plantada", quando, por exemplo, o policial esconde arma, pacote de droga ou outro objeto ou produto ilegal na jaqueta, no carro ou na casa do sujeito para justificar o flagrante.

No flagrante **provocado**, também ilegal, há o estímulo para que o sujeito realize crime, para então ser preso. É o famoso exemplo do policial que se faz passar por consumidor tentando comprar entorpecentes. Aplica-se a esses casos a regra do crime impossível, uma vez que o tráfico, nesse caso, jamais se consumaria. O policial não tinha interesse em efetivamente comprar substância entorpecente, mas apenas em prender o sujeito que a comercializava.

Ressaltamos que o Código Penal, no art. 17, é claro quanto à vedação de se punir a tentativa de crime quando este for considerado impossível de ser cometido: "Não se pune a tentativa quando, por ineficácia absoluta do meio ou por absoluta impropriedade do objeto, é impossível consumar-se o crime" (Brasil, 1940).

O flagrante **preparado** também é considerado situação que envolve crime impossível e, portanto, ilegal. O bem jurídico encontra-se absolutamente protegido, sem qualquer risco, através da preparação de situação de flagrante. É o caso de um agente policial que "encomenda" o crime apenas para prender o criminoso. Há, inclusive, entendimento sumulado pelo STF acerca do assunto (Súmula n. 145): "Não há crime, quando a preparação do flagrante pela polícia torna impossível a sua consumação" (Brasil, 2003a).

Quanto ao flagrante **esperado**, este pode ser considerado legal ou ilegal, com base na situação fática de cada caso. Quando agentes policiais aguardam o início da ocorrência do delito, após receber informação de que este se realizará, colocando-se em posição de vigilância, por exemplo, o flagrante é legal.

É muito interessante analisarmos a diferenciação feita pela jurisprudência sobre os diferentes tipos de flagrante citados:

AGRAVO REGIMENTAL NO AGRAVO EM RECURSO ESPECIAL. TRÁFICO DE DROGAS. FLAGRANTE PREPARADO. CRIME IMPOSSÍVEL. NÃO CONFIGURAÇÃO. SÚMULA 7/STJ. RECURSO DESPROVIDO. 1. Consta do acórdão estadual que **os policiais** não provocaram a situação delituosa, mas, tão somente, permitiram que a ação do apelante prosseguisse. 2. A hipótese acima delineada, de fato, não caracteriza o flagrante preparado, porquanto nesse a polícia provoca o agente a praticar o delito e, ao mesmo tempo, impede a sua consumação, cuidando-se, assim, de crime impossível; ao passo que no flagrante forjado a conduta do agente é criada pela polícia, tratando-se de fato atípico. Hipótese totalmente diversa é a do flagrante esperado, em que a polícia tem notícias de que uma infração penal será cometida e aguarda o momento de sua consumação para executar a prisão. (Brasil, 2017b, grifo nosso)

Em suma, a jurisprudência trata: (a) a conduta que enseja o flagrante preparado como crime impossível, (b) o flagrante forjado como fato atípico e (c) o flagrante esperado como legal, quando os agentes públicos apenas aguardam o momento da consumação do crime para efetuar a prisão, sem qualquer envolvimento com a conduta delituosa.

A última espécie a ser analisada é o flagrante **protelado ou diferido**, existente quando se retarda a intervenção policial para fazer cessar o crime e realizar a prisão em flagrante, devido a estratégia persecutória. Tal situação é permitida, porém somente em casos envolvendo organizações criminosas, conforme art. 3º da Lei n. 12.850, de 2 de agosto de 2013, que regulamenta a prevenção e repressão de ações praticadas por organizações criminosas, denominando-as *ação controlada*: "Em qualquer fase da persecução penal, serão permitidos, sem prejuízo de outros já previstos em lei, os seguintes meios de obtenção da prova: [...] III – ação controlada" (Brasil, 2013).

Trata-se de ação de retardamento da intervenção por meio dos órgãos de persecução penal, no intuito de angariar provas mais robustas contra os suspeitos.

Então, estando presentes as circunstâncias de flagrante legal, próprio ou impróprio, cidadãos comuns **podem** – não são obrigados, mas têm a faculdade de – e autoridades policiais **devem** interromper a ação delitiva, detendo o autor.

Estando presente o *fumus commissi delicti* (indícios de que o crime foi cometido), a detenção do indivíduo se faz possível, porém se trata de medida precária. A prisão em flagrante não busca garantir o resultado final do processo, apenas disponibilizar o detido ao juiz para análise da legalidade da prisão, com posterior soltura ou aplicação de medida cautelar (conversão da prisão em flagrante em prisão preventiva ou aplicação de medida cautelar diversa).

Assim sendo, a prisão em flagrante deve ser submetida ao crivo judicial, por meio de audiência de custódia, com oitiva do preso. Trata-se de aplicação do princípio do contraditório previsto constitucionalmente, o qual analisaremos adiante. O prazo de 24 horas estipulado para a audiência de custódia foi introduzido no CPP pela Lei Anticrime (Lei n. 13.964/2019), sob pena de ilegalidade da prisão. Esta acarretaria o seu relaxamento, conforme se abstrai da nova redação do art. 310 do CPP:

Art. 310. Após receber o auto de prisão em flagrante, **no prazo máximo de até 24 (vinte e quatro) horas após a realização da prisão, o juiz deverá promover audiência de custódia** com a presença do acusado, seu advogado constituído ou membro da Defensoria Pública e o membro do Ministério Público, e, nessa audiência, o juiz deverá, fundamentadamente: (Redação dada pela Lei n. 13.964, de 2019)

I – relaxar a prisão ilegal; ou

II – converter a prisão em flagrante em preventiva, quando presentes os requisitos constantes do art. 312 deste Código, e se revelarem inadequadas ou insuficientes as medidas cautelares diversas da prisão; ou

III – conceder liberdade provisória, com ou sem fiança.

[...]

§ 4º **Transcorridas 24 (vinte e quatro) horas após o decurso do prazo estabelecido no caput deste artigo, a não realização de audiência de custódia sem motivação idônea ensejará também a ilegalidade da prisão,** a ser relaxada pela autoridade competente, sem prejuízo da possibilidade de imediata decretação de prisão preventiva. (Incluído pela Lei n. 13.964, de 2019) (Brasil, 1941, grifo nosso)

No entanto, o ministro Luiz Fux, em decisão de medida cautelar em Ação Direta de Inconstitucionalidade (n. 6.298, de janeiro de 2020), decidiu por desconsiderar esse prazo, sob o argumento de que ele não seria razoável ante a complexidade do sistema de justiça criminal brasileiro. Tratou-se do tema nos seguintes termos:

(e) Artigo 310, §4º, Código de Processo Penal (Ilegalidade da prisão pela não realização da audiência de custódia no prazo de 24 horas): (e1) **A ilegalidade da prisão como consequência jurídica para a não realização da audiência de custódia no prazo de 24 horas fere a razoabilidade, uma vez que desconsidera dificuldades práticas locais de várias regiões do país, bem como dificuldades logísticas decorrentes de operações policiais de considerável porte.** A categoria aberta "motivação idônea", que excepciona a ilegalidade da prisão, é demasiadamente abstrata e não fornece baliza interpretativa segura para aplicação do dispositivo; (e2) **Medida cautelar concedida, para suspensão da eficácia do artigo 310, §4º, do Código de Processo Penal** (Inconstitucionalidade material). (Brasil, 2020a, grifo nosso)

Há projetos de lei de reforma do CPP definindo prazo ampliado para audiência de custódia – como o que estabelece que esta ocorra em até 72 horas após a prisão do sujeito. Há previsão, ainda, para que a audiência possa ocorrer mediante videoconferência, sem a presença física do acusado perante o juiz (Brasil, 2010a).

Em nota técnica, o Conselho Nacional de Justiça (CNJ) posicionou-se contrariamente a tais medidas, afirmando que a eficácia da audiência de custódia pode ser comprometida se aprovadas as referidas alterações. Alega-se que o prazo de 24 horas é "o que mais se compatibiliza com os objetivos da audiência de custódia para evitar a manutenção de prisões ilegais e desnecessárias e a tortura no momento da prisão" (Agência CNJ de Notícias, 2019).

Deverá, em um futuro próximo, haver decisão acerca da estipulação de prazo para a realização da oitiva da pessoa presa em flagrante e análise da legalidade deste por juiz de garantia.

— 2.2 —
O juiz de garantias

Além do prazo de 24 horas para realização de audiência de custódia, a Lei Anticrime traz mais uma inovação: a instituição do juiz de garantias, que seria o responsável pela audiência de custódia. Na fase pré-processual, de investigação policial e recebimento da denúncia, o juiz de garantais passa a atuar no intuito de oferecer freios contra a opressão estatal, assegurando a legalidade da investigação, bem como dos direitos individuais do réu nessa fase.

Compete ao juiz de garantias, entre outras funções, o controle de prazo da investigação policial, evitando excessos, a homologação de delação premiada ou acordo de não persecução penal e o recebimento da denúncia. Recebida a denúncia, entra em cena o juiz de julgamento. Este não pode ser o mesmo da fase pré-processual e não receberá os autos do inquérito na íntegra, como anteriormente, mas apenas as provas irrepetíveis. As demais provas deverão ser produzidas oralmente, em juízo.

Trata-se da busca pela implementação de estrutura acusatória de fato, com juiz meramente observador, sujeito do processo e não parte, conforme já praticado em diversos países, inclusive procedimento comum ao Tribunal Europeu de Direitos Humanos. Busca-se, com isso, que a decisão na fase processual, emanada pelo juiz de julgamento, aconteça livre de vícios e contaminações advindas da fase pré-processual e de acompanhamento de inquérito policial.

Aqui, é importante abrir um parêntese para análise acerca da atividade jurisdicional e sua necessária imparcialidade. António Manuel Hespanha escreveu sobre o assunto em 2010, em sua obra A *política perdida: ordem e governo antes da Modernidade*, mais especificamente no capítulo O *amor nos caminhos do direito: amor e* iustitia *no discurso jurídico moderno*.

Conforme analisado por Kalache (2020), Hespanha (2010) aduz em sua obra que o papel de juristas medievais era o de induzir a ordem com base na natureza, com a utilização de recursos da sensibilidade humana, como o amor. Não se exigia deles a reorganização da ordem por meio da privação de abordagens não racionais para interpretação do direito; ou seja, a utilização de métodos não racionais para a análise era admitida. A responsabilidade dos juristas seria a "de observarem, refletirem, sentirem, acreditarem, lembrarem, meditarem e interpretarem as ordens existentes [...]. Para realizarem uma hermenêutica ilimitada de Deus, dos homens e da natureza" (Hespanha, 2010, p. 245).

Cada ordem normativa deveria restar comprovada, por meio de solução arbitrária fornecida pelo juiz, a qual trouxesse harmonia, recebendo um consenso comunitário. Hespanha (2010) traz como um dos exemplos de tal prática as situações em que juízes criminais limitavam (o autor usa a palavra *temperavam*), ou não, a dureza da norma com a misericórdia. A natureza incerta das arbitragens dos juízes e a característica política de suas decisões, as quais geravam grande insegurança jurídica para os que estavam obrigados pela lei, foram algumas das razões que tornaram imperiosa a construção de uma hermenêutica jurídica com limitações, hoje constitucionais, primando pela imparcialidade do julgador.

Todavia, compreende-se impossível o alcance da imparcialidade absoluta. Críticos, como Streck (2014), destacam que os seres humanos são, sim, dotados de sentimentos, não isolados culturalmente. Ademais, a carga de preconceitos (no sentido de conceitos prévios) trazida por magistrados pode ser uma aliada, de acordo com a hermenêutica filosófica, já que *interpretar* significa atribuir sentido confrontando com a tradição.

O ato de julgar é também antropológico, uma vez que o jurista é humano e, como tal, dotado de sentimentos. Hespanha (2010), ao incluir em um dos capítulos A *reconstituição do amor e a função dos juristas*, afirma que:

> A função dos juristas, que não pode ser então poiética, seminal – adicionemos já uma vez o que falta: que não pode ser orgásmica –, tem que se limitar, por uma questão de princípio, à tarefa de reconstrução da ordem que previamente conheceu. Como o afeto, primeiro gerador de tal ordem, esparramou-se

já em seu momento, agora do jurista exige-se a eliminação de qualquer veleidade afetiva. (Hespanha, 2010, p. 82)

O autor defende uma postura de consciência sentimental por parte do jurista na Idade Moderna, um amor geral, universalizado, que assume características de amor caridoso, como defendido por São Tomás de Aquino, e se "esparrama igualmente sobre todas as coisas, pois não lesiona a justiça comutativa; e dirige apaixonadamente suas aspirações de fazer justiça, recebendo então a excelsa denominação de *amor iustitiae*" (Hespanha, 2010, p. 83). É o amor universalizado, legítimo de ser sentido e para influenciar, inclusive ao magistrado.

Por outro lado, Hespanha (2010) opõe-se ao amor particular, subversão do amor geral e que fere a justiça. Assim sendo, ele defende que o amor particular e, por conseguinte, o ódio particular, por parte dos juízes não pode ser tolerado, sob pena do *in dubio pro amico* ("na dúvida em benefício do amigo"). Em contrapartida, o autor demonstra receio de que a proibição desse amor particular, por parte dos juristas modernos, esteja aniquilando a "complexa consciência sentimental" (Hespanha, 2010, p. 84), uma vez que inibe também o amor geral.

Em suma, pode-se dizer que o sentir é válido, desde que de maneira geral e limitada. Sentimentos particularmente dirigidos, considerados impróprios, vêm sendo historicamente combatidos por aqueles que atuam com o direito.

Apesar do receio de um poder judiciário tecnicista e não empático, a atualidade mostra-nos uma inversão espectral, com juízes motivados passional e ideologicamente em suas decisões, e de forma seletiva. Na contramão do combate histórico, estudos apontam que as decisões de magistrados hoje, ao analisarem o caso concreto, baseiam-se muito mais em convicções pessoais do que em teorias jurídicas.

De acordo com Fernando Ganem, presidente da Associação dos Magistrados do Paraná em 2012, "as lacunas deixadas pela lei exigem a aplicação de princípios [...] Já em questões polêmicas, a ideologia e o posicionamento social prévio influenciam na decisão, justificada, depois, com a doutrina e a jurisprudência" (Ideologia, 2012).

Na mesma direção crítica de Hespanha (2010), Streck (2014) opõe-se à subjetividade que atualmente eiva os julgamentos dos magistrados. Para esse autor, a subjetividade (abrangendo a vontade individual e a ideologia) do julgador não pode dar origem às decisões em um Estado democrático. Ele acusa de antidemocrática a decisão baseada na "consciência individual", sendo sua aceitação um retrocesso histórico.

Nesse sentido, cumpre notar que a racionalidade é absolutamente indissociável do sentimento, sob pena de tornar-se incompleta e prejudicada. É necessário transcender a "superioridade da racionalidade e do sentimento consciente sobre a emoção", sendo o pensamento "causado por estruturas e operações do ser" (Lopes Junior, 2013, p. 1082). Decidimos não apenas racionalmente, mas com base em sentimentos individuais e emoções, indissociáveis da razão.

Assim, embora a decisão judicial seja, sim, baseada na vontade do julgador, e, por isso, esteja impregnada de valores e ideologias, não se pode reduzir o ato decisório ao ato de sentir. Há limites constitucionais e processuais para a hermenêutica e o convencimento do juiz. Não pode o juiz se utilizar de meios legítimos, como a Constituição, para enxergar aquilo que quer, para dizer o que bem entender, ultrapassando limites semânticos e da reserva legal. Sim, o juiz incorre em subjetividades ao tomar uma decisão; seu grande desafio, porém, é o de limitá-las, evitando o decisionismo, absolutamente discricionário. Para isso, é imperiosa a observância procedimental regulada pelos códigos de processo.

O processo não pode ser entendido como lugar de exercício de poder. Uma decisão está legitimada quando observadas as regras para sua imposição, pois "são essas regras que, estruturando o ritual judiciário, devem proteger do decisionismo e também do outro extremo, onde se situa o dogma da completude jurídica e do paleopositivismo" (Lopes Junior, 2013, p. 1089). Arnaud (1991) alerta para a seletividade judicial baseada na classe social, mesmo que tal fato ocorra de maneira inconsciente. Todavia, a interpretação realizada aquém ou além dos limites constitucionais e a inobservância de procedimentos legais podem levar a seletividades variadas.

O juiz deve ater-se à Constituição, às regras de hermenêutica e processuais para que consiga exercer um controle mínimo de seus impulsos nos atos decisórios. Como já abordado, o controle total desses impulsos, por meio da imparcialidade absoluta, não será factível enquanto os juízes de direito forem seres humanos. Por isso, o ordenamento jurídico servirá como barreira ao instinto de prazer do magistrado, realizável mediante o exercício do poder. Segundo Antón (2011), a presunção de inocência é uma garantia frente ao livre convencimento do juiz. Caso não houvesse a submissão do magistrado a exigências objetivas (provas legítimas e suficientes e decisão motivada), o acusado não estaria submetido ao direito, mas aos juízes.

O autor também afirma que os referidos requisitos não são facilmente aceitos por aqueles que acreditam possuir a verdade (postura regularmente adotada por inúmeros juízes), a qual, no entanto, nada pode ser além de um processo justo, com estrita observância dos direitos e liberdades do acusado. O processo de estrutura inquisitória estará presente sempre que as decisões judiciais estiverem legitimadas exclusivamente na verdade dos fatos. Um poder estatal que parte da existência de culpa, buscando apenas prová-la, será inquisitório (em um processo denominado *verdade da culpa*), pois o que existirá, em verdade, será um juízo de reprovação. Nas palavras de Antón (2011, p. 702), "não se pode declarar a culpa sobre o injusto atuando injustamente".

Como tentativa de balancear todas essas questões envolvendo a parcialidade do jurista, a separação da atividade jurisdicional em fase de inquérito e de julgamento é uma reivindicação antiga de diversos acadêmicos e operadores do direito, entre os quais Lopes Junior e Rosa (2019). Eles afirmam que apenas com essa divisão de fases e seus desdobramentos, a citar a exclusão física dos autos do inquérito na fase processual, é que se efetiva a produção de prova com a aplicação do princípio do contraditório.

Com isso, o juiz é afastado, na fase processual, da gestão de provas e possível formação de opinião prévia acerca dos acusados e dos fatos, atuando o magistrado da primeira fase na efetivação dos direitos individuais do acusado. Fica assim a nova redação dada ao art. 3º do CPP:

> Art. 3º-A. O processo penal terá **estrutura acusatória, vedadas a iniciativa do juiz na fase de investigação** e a substituição da atuação probatória do órgão de acusação.
>
> Art. 3º-B. **O juiz das garantias é responsável pelo controle da legalidade da investigação criminal e pela salvaguarda dos direitos individuais** cuja franquia tenha sido reservada à autorização prévia do Poder Judiciário, competindo-lhe especialmente:
>
> I – receber a comunicação imediata da prisão, nos termos do inciso LXII do caput do art. 5º da Constituição Federal;
>
> II – receber o auto da prisão em flagrante para o controle da legalidade da prisão, observado o disposto no art. 310 deste Código;
>
> III – zelar pela observância dos direitos do preso, podendo determinar que este seja conduzido à sua presença, a qualquer tempo;
>
> IV – ser informado sobre a instauração de qualquer investigação criminal;
>
> V – decidir sobre o requerimento de prisão provisória ou outra medida cautelar, observado o disposto no § 1º deste artigo;

VI – prorrogar a prisão provisória ou outra medida cautelar, bem como substituí-las ou revogá-las, assegurado, no primeiro caso, o exercício do contraditório em audiência pública e oral, na forma do disposto neste Código ou em legislação especial pertinente;

VII – decidir sobre o requerimento de produção antecipada de provas consideradas urgentes e não repetíveis, assegurados o contraditório e a ampla defesa em audiência pública e oral;

VIII – prorrogar o prazo de duração do inquérito, estando o investigado preso, em vista das razões apresentadas pela autoridade policial e observado o disposto no § 2º deste artigo;

IX – determinar o trancamento do inquérito policial quando não houver fundamento razoável para sua instauração ou prosseguimento;

X – requisitar documentos, laudos e informações ao delegado de polícia sobre o andamento da investigação;

XI – decidir sobre os requerimentos de:

a) interceptação telefônica, do fluxo de comunicações em sistemas de informática e telemática ou de outras formas de comunicação;

b) afastamento dos sigilos fiscal, bancário, de dados e telefônico;

c) busca e apreensão domiciliar;

d) acesso a informações sigilosas;

e) outros meios de obtenção da prova que restrinjam direitos fundamentais do investigado;

XII – julgar o habeas corpus impetrado antes do oferecimento da denúncia;

XIII – determinar a instauração de incidente de insanidade mental;

XIV – decidir sobre o recebimento da denúncia ou queixa, nos termos do art. 399 deste Código;

XV – assegurar prontamente, quando se fizer necessário, o direito outorgado ao investigado e ao seu defensor de acesso a todos os elementos informativos e provas produzidos no âmbito da investigação criminal, salvo no que concerne, estritamente, às diligências em andamento;

XVI – deferir pedido de admissão de assistente técnico para acompanhar a produção da perícia;

XVII – decidir sobre a homologação de acordo de não persecução penal ou os de colaboração premiada, quando formalizados durante a investigação;

XVIII – outras matérias inerentes às atribuições definidas no caput deste artigo.

§ 1º (VETADO).

§ 2º Se o investigado estiver preso, o juiz das garantias poderá, mediante representação da autoridade policial e ouvido o Ministério Público, prorrogar, uma única vez, a duração do inquérito por até 15 (quinze) dias, após o que, se ainda assim a investigação não for concluída, a prisão será imediatamente relaxada.

Art. 3º-C. A competência do juiz das garantias abrange todas as infrações penais, exceto as de menor potencial ofensivo, e cessa com o recebimento da denúncia ou queixa na forma do art. 399 deste Código.

§ 1º Recebida a denúncia ou queixa, as questões pendentes serão decididas pelo juiz da instrução e julgamento.

§ 2º As decisões proferidas pelo juiz das garantias não vinculam o juiz da instrução e julgamento, que, após o recebimento da denúncia ou queixa, deverá reexaminar a necessidade das medidas cautelares em curso, no prazo máximo de 10 (dez) dias.

§ 3º Os autos que compõem as matérias de competência do juiz das garantias ficarão acautelados na secretaria desse juízo, à disposição do Ministério Público e da defesa, e não serão apensados aos autos do processo enviados ao juiz da instrução e julgamento, ressalvados os documentos relativos às provas irrepetíveis, medidas de obtenção de provas ou de antecipação de provas, que deverão ser remetidos para apensamento em apartado.

§ 4º Fica assegurado às partes o amplo acesso aos autos acautelados na secretaria do juízo das garantias.

Art. 3º-D. O juiz que, na fase de investigação, praticar qualquer ato incluído nas competências dos arts. 4º e 5º deste Código ficará impedido de funcionar no processo.

Parágrafo único. Nas comarcas em que funcionar apenas um juiz, os tribunais criarão um sistema de rodízio de magistrados, a fim de atender às disposições deste Capítulo. (Brasil, 1941, grifo nosso)

Por fim, é importante ressaltar que o Juizado Especial Criminal, nos casos de crime de menor potencial ofensivo, não é abrangido pela regra do juiz de garantias, conforme disposto pelo art. 3º-C supracitado.

Não obstante a grande recepção pelos operadores de direito da figura de um juiz independente para a fase pré-processual, uma decisão do ministro Dias Toffoli, de janeiro de 2020, suspendeu a eficácia do juiz de garantias, sob argumentos relativos à afetação estrutural do sistema de justiça criminal brasileiro.

Todavia, operadores do direito favoráveis à medida afirmam tratar-se de argumento de dificuldade infundado. Segundo Lopes Junior e Rosa (2019), "a mentalidade inquisitória deve se opor ao cumprimento da Reforma. Antecipamos que a dificuldade logística não se sustenta. O argumento de que o juiz das garantias não é viável porque temos muitas comarcas com apenas um juiz é pueril". De acordo com alguns doutrinadores, como os já citados Lopes Junior e Rosa (2019), é possível realizar inúmeros atos on-line (por meio de processo eletrônico e videoconferência), bem como nomear como juízes de garantia magistrados de comarcas vizinhas (no caso de comarcas de vara única) de distância razoável, as quais são inúmeras em nosso país.

Devemos aguardar a decisão em plenário para saber como ficará a questão. De qualquer forma, o caminho a ser seguido é este: prisão do sujeito em flagrante e posterior audiência de custódia, em prazo razoável. Da análise dos fatos, das provas e da oitiva do preso, o juiz competente deve decidir se, de fato, há indícios de autoria e materialidade que justifiquem a detenção do sujeito. Sendo positiva a resposta, o juiz deve analisar a legalidade do flagrante.

Sobre as mudanças trazidas pela Lei Anticrime, Coutinho (2020) afirma que, para obter eficácia, a estrutura acusatória pretendida precisa ir além de sua previsão legal, devendo ser viva e operante na prática. O autor afirma, ainda, que todo o projeto de mudança, com as novas regras, pode não significar nada se, na prática, não se observar o sistema acusatório – o que, para ele, acontece no Brasil. O que temos, em realidade, é uma potencialização da estrutura inquisitorial no processo, inclusive com a complacência de advogados, já acostumados com um juiz atuante, por exemplo, responsável pela inquirição das testemunhas.

Coutinho (2020) entende ser difícil (no sentido de custoso) para os juízes abdicarem tanto de seu lugar de fala no processo quanto do papel de perseguirem a verdade e gerirem a busca de provas. O autor também denuncia que a estrutura democrática do processo em nosso sistema está dilacerada, com uma lógica inquisitorial jamais vista na história do nosso ordenamento jurídico, sequer durante a vigência das Ordenações Afonsinas, com a vigência de um direito medieval. Ele afirma haver abuso do uso político do encarceramento, que transforma os menos favorecidos em potenciais criminosos a serem presos.

Teremos de aguardar a experiência prática com a aplicação da nova legislação para compreender seus reais impactos sobre nosso sistema de justiça criminal. De qualquer modo, sendo legal a prisão em flagrante, o juiz competente deve analisar se está diante de caso em que cabe: (a) a concessão de liberdade provisória ao sujeito; (b) a aplicação de medida cautelar diversa;

ou (c) a conversão da prisão em flagrante em prisão preventiva. Detalharemos essas medidas em breve.

Aqui, há outra inovação trazida pelo "pacote anticrime": está proibida a concessão de liberdade provisória, se presos em flagrante, aos reincidentes, membros de organização criminosa ou milícia ou portadores de arma de fogo de uso restrito. A redação do art. 310 passa a vigorar da seguinte forma:

> § 2º Se o juiz verificar que o agente é reincidente ou que integra organização criminosa **armada ou milícia, ou que porta arma de fogo de uso restrito, deverá denegar a liberdade provisória**, com ou sem medidas cautelares. (Brasil, 1941, grifo nosso)

Bem, se, ao contrário do disposto, ficar constatado que houve ilegalidade na decretação da prisão em flagrante ou nas etapas posteriores ao flagrante (como a não realização de audiência de custódia em prazo razoável), deve a prisão ser imediatamente relaxada, conforme estabelecido constitucionalmente, no inciso LXV: "a prisão ilegal será imediatamente relaxada pela autoridade judiciária" (Brasil, 1988).

Assim vem sendo decidida a questão pelos tribunais superiores, como exemplifica decisão a seguir, em que o Superior Tribunal de Justiça (STJ) confirma liminar que relaxa prisão em flagrante, após o sujeito ter sido detido por mais de 90 horas sem a realização de audiência:

Consta dos autos que o paciente foi preso em flagrante, no dia 13/12/2018, como incurso nos arts. 33, caput, da Lei n. 11.343/2006 e 14 da Lei n. 10.826/2013, uma vez que foi abordado pela autoridade policial na posse de 35 g de maconha, 4 g de crack, balança de precisão, além de um revólver calibre 38, municiado com seis cartuchos. Neste writ, a defesa sustenta que o investigado permanece preso **"por mais de 96 (noventa e seis) horas, sem a imprescindível análise de legalidade dos requisitos do art. 302 do Código de Processo Penal e/ou previsão para realização de audiência de Custódia."** (fl. 7). Destaca que, em entrevista pessoal com o réu, foram constatadas "várias escoriações decorrentes de golpes de 'facão' (fl. 15), sobretudo na parte da cabeça e da perna do acusado, regiões onde as lesões haviam sido mais profundas, o que demonstraria a prática do crime de tortura.

[...]

À vista do exposto, confirmo a liminar e *concedo a ordem para relaxar a prisão em flagrante do autuado*, sem prejuízo da possibilidade de decretação da prisão preventiva, se concretamente demonstrada sua necessidade cautelar, ou de imposição de medida alternativa, nos termos do art. 319 do CPP. (Brasil, 2019b, grifo nosso)

Cabe ressaltar que, de acordo com o disposto no art. 69 da Lei n. 9.099/1995 (Lei dos Juizados Especiais), os crimes de menor potencial ofensivo não comportam prisão em flagrante, nem se exige fiança quando o autor do fato "após a lavratura do termo, for imediatamente encaminhado ao Juizado ou assumir o compromisso de a ele comparecer, não se imporá prisão em flagrante, nem se exigirá fiança." (Brasil, 1995). Quanto aos crimes cuja pena máxima seja inferior a quatro anos, a autoridade policial poderá conceder fiança imediata, nos termos do art. 322 do CPP.

Além disso, a Constituição Federal determina, em seu art. 5º, inciso LXII, a obrigatoriedade da comunicação da prisão em flagrante ao juiz competente e à família do preso, ou pessoa por ele indicada, o que deve ocorrer de maneira imediata. O CPP adiciona ao rol dos que devem ser informados sobre a prisão o Ministério Público, no art. 306:

> Art. 306. A prisão de qualquer pessoa e o local onde se encontre serão comunicados imediatamente ao juiz competente, ao Ministério Público e à família do preso ou à pessoa por ele indicada.
>
> § 1º Em até 24 (vinte e quatro) horas após a realização da prisão, será encaminhado ao juiz competente o auto de prisão em flagrante e, caso o autuado não informe o nome de seu advogado, cópia integral para a Defensoria Pública.
>
> § 2º No mesmo prazo, será entregue ao preso, mediante recibo, a nota de culpa, assinada pela autoridade, com o motivo da prisão, o nome do condutor e os das testemunhas. (Brasil, 1941)

A Constituição também assegura a assistência de advogado ao preso, no art. 5º, inciso LXIII. A seguir, passamos a analisar a prisão preventiva.

— 2.3 —
Prisão preventiva

A regulamentação acerca da aplicação da prisão preventiva sofreu significativas alterações com o advento da Lei n. 13.964/2019 (Lei Anticrime). Neste tópico, trataremos da prisão preventiva analisando as referidas modificações e seus impactos sobre a imposição da medida cautelar.

Como vimos, a prisão em flagrante é baseada em certeza visual de crime, ou, em situações de flagrante impróprio, na presunção de autoria, sendo o sujeito perseguido logo após realização do fato ou sendo ele encontrado com objetos que levem a crer que é autor do crime. Para que o sujeito capturado nessas circunstâncias seja mantido preso, a prisão em flagrante deve ser convertida em prisão preventiva pelo juiz competente.

A prisão preventiva é medida cautelar e tem cabimento nas situações envolvendo flagrante, mas não apenas nestas, podendo ser decretada tanto no curso da fase investigativa quanto do processo, ou ainda em fase recursal, quando já há sentença condenatória. Nesse último caso, é o tribunal competente que irá decretá-la. Ou seja, estando presentes os requisitos da prisão e sendo necessário manter o sujeito preso (havendo perigo em sua liberdade), o flagrante poderá ser convertido em prisão preventiva, ou, se não for o caso, ser apenas decretada a prisão preventiva do sujeito em qualquer fase da investigação policial ou do processo.

E quando se entende que há perigo na liberdade do sujeito? O art. 312 do CPP apresenta os fundamentos para a aplicação da medida cautelar discutida:

> Art. 312. A prisão preventiva poderá ser decretada como garantia da ordem pública, da ordem econômica, por conveniência da instrução criminal ou para assegurar a aplicação da lei penal, quando houver prova da existência do crime e indício suficiente de autoria e de perigo gerado pelo estado de liberdade do imputado. (Brasil, 1941)

A garantia da ordem pública e econômica, a conveniência da instrução criminal e a necessidade de assegurar a aplicação da lei penal ensejam a aplicação da prisão preventiva. No entanto, há duras críticas quanto aos fundamentos estabelecidos para a imposição da medida, ante sua subjetividade e indeterminação.

O primeiro fundamento é, com absoluta certeza, o mais controverso e polêmico, sendo também o mais utilizado como justificação para aplicação da medida cautelar. Pode-se prender preventivamente para **garantir a ordem pública**. A lei não define o que seria ordem ou desordem pública, cabendo dentro do conceito, totalmente aberto e indefinido, questões como gravidade do crime e comoção popular. São inúmeros os autores que se opõem aos requisitos da prisão cautelar nos moldes atuais, entre eles Lopes Junior (2013), que afirma:

por ser um conceito vago, indeterminado, presta-se a qualquer senhor, diante de uma maleabilidade conceitual apavorante [...] destinado à crítica. Não sem razão, por sua vagueza e abertura, é o fundamento preferido, até porque ninguém sabe ao certo o que quer dizer... Nessa linha, é recorrente a definição de risco para ordem pública como sinônimo de "clamor público", de crime que gera um abalo social, uma comoção na comunidade, que perturba sua tranquilidade. Alguns fazendo uma confusão de conceitos ainda mais grosseira, invocam a "gravidade" ou "brutalidade" do delito como fundamento da prisão preventiva. Também há quem recorra à "credibilidade das instituições como fundamento legitimante da segregação [...]. É prender para reafirmar a "crença" no aparelho estatal repressor. (Lopes Junior, 2013, p. 836)

A seguir, colacionamos exemplo da aplicação jurisprudencial do fundamento da "garantia da ordem pública" para aplicação ou manutenção de prisão preventiva. Vejamos:

> **GARANTIA DA ORDEM PÚBLICA.** GRAVIDADE CONCRETA DA CONDUTA. CONSTRANGIMENTO ILEGAL NÃO CARACTERIZADO. ORDEM DENEGADA. 1. Sabe-se que o ordenamento jurídico vigente traz a liberdade do indivíduo como regra. Desse modo, **a prisão revela-se cabível tão somente quando estiver concretamente comprovada a existência do periculum libertatis,** sendo impossível o recolhimento de alguém ao cárcere caso se mostrem inexistentes os requisitos

autorizadores da medida extrema, previstos na legislação processual penal. 2. Na espécie, a segregação provisória encontra-se devidamente motivada, pois destacou o Magistrado de piso, sobretudo, a **gravidade concreta da conduta**, evidenciada pela apreensão, entre outros, de balança de precisão e de 477 g (quatrocentos e setenta e sete gramas) de maconha. Portanto, a custódia preventiva está justificada na **necessidade de garantia da ordem pública**. 3. Ordem denegada. (Brasil, 2020b, grifo nosso)

A custódia preventiva, como explicitado, motivou-se na gravidade do crime, leia-se, a quantidade de maconha apreendida juntamente com uma balança de precisão, justificando a detenção do acusado justamente na garantia da ordem pública. Na próxima decisão analisada, encontra-se presente, além da garantia da ordem pública, o fundamento da **garantia da aplicação da lei penal**:

HOMICÍDIO QUALIFICADO. PRISÃO EM FLAGRANTE. DECRETAÇÃO DE PRISÃO PREVENTIVA. GARANTIA DA ORDEM PÚBLICA. MODUS OPERANDI. HABEAS CORPUS DENEGADO. 1. A manutenção da custódia cautelar encontra-se suficientemente fundamentada, em face das circunstâncias do caso que, pelas características delineadas, retratam, in concreto, a **periculosidade do agente**, a indicar a necessidade de sua segregação para a **garantia da ordem pública**, considerando-se, sobretudo, o modus operandi dos delitos, uma vez que "o autor ceifou a vida da vítima [embriagada] de forma brutal em razão de esta ter praticado relações sexuais com a sua cadela". 2. **Verifica-se, ainda, que o Paciente é morador de rua, o que põe em risco a garantia da aplicação da lei.** Ressalte-se que, segundo o que consta do caderno processual, o Paciente não apontou nenhuma pessoa para comunicar sua prisão, nem declinou nenhuma referência para ser localizado, ao ser autuado pela autoridade policial. 3. Habeas corpus denegado. (Brasil, 2012a, grifo nosso)

Assim, quando houver receio de evasão do suspeito, está autorizada a aplicação de prisão preventiva, desde que não seja cabível ou recomendável medida alternativa à prisão, como o uso de tornozeleira eletrônica, obrigatoriedade de comparecimento regular perante as autoridades, retenção de passaporte, entre outros. Na decisão analisada, ser morador de rua foi fato apontado como gerador de risco de não comparecimento aos atos processuais, não havendo possibilidade de encontrar o réu em endereço fixo, motivo pelo qual se determinou a prisão cautelar.

Outro fundamento utilizado para imposição de prisão cautelar é a **conveniência da instrução criminal**. Nesses casos, priva-se o sujeito de sua liberdade com base em indícios de que ele possa atrapalhar a investigação criminal, com a destruição de provas e intimidação de testemunhas.

Foi com base nesse fundamento que a família Brittes (Edison e Cristiana), protagonista de uma investigação criminal popularizada na capital do Paraná após a morte cruel do jogador de futebol Daniel Corrêa Freitas, foi presa preventivamente. Após o crime, já em fase de inquérito policial, há imagens do casal

Brittes encontrando-se com testemunhas em praça de alimentação de um *shopping*. Na sequência, essas mesmas testemunhas alegaram estar sendo coagidas a confirmar à polícia as versões dos fatos dadas pelo casal.

Em novo pedido, a defesa pleiteia a aplicação de medida cautelar alternativa à prisão[1], como a imposta aos corréus do caso. A juíza da causa, ao negar o pedido, esclarece:

> Entendo que os motivos ensejadores da segregação cautelar do requerente, cuja situação não se assemelha àquela dos corréus citados como paradigma, permanecem vigentes, revelando-se necessária a manutenção da sua custódia cautelar para resguardo da prova a ser levada à apreciação em eventual julgamento perante o Conselho de Sentença. [...] **Conclui-se que o risco de interferência é concreto, e que a aplicação de medidas cautelares [como a tornozeleira eletrônica] se revela insuficiente/ineficaz no caso.** [Luciani Regina Martins de Paula, juíza da 1ª Vara Criminal de São José dos Pinhais] (Sfair, 2019, grifo nosso)

Assim, o fundado receio na destruição de provas, na coação ou na ameaça a testemunhas ou atos que atrapalhem a instrução criminal por parte do investigado podem ensejar a determinação de prisão preventiva, com fundamento na conveniência da instrução criminal.

---

1 A defesa de Edison Brittes solicitou a revogação da prisão preventiva ante a pandemia causada pela Covid-19 em todo o território nacional. Para tanto, a defesa requereu a substituição da medida cautelar por medida diversa, qual seja, a utilização de tornozeleira eletrônica, medida imposta aos corréus do caso.

Por fim, como último fundamento da prisão preventiva a ser analisado está a **garantia da ordem econômica**. Pouco utilizado, ele consiste em tutelar condutas que atentem contra o sistema econômico, "seja pelo risco de reiteração de práticas que gerem perdas financeiras voluptuosas, seja por colocar em perigo a credibilidade e o funcionamento do sistema financeiro ou mesmo o mercado de ações e valores" (Lopes Junior, 2013, p. 837).

Além dos fundamentos ensejadores da prisão preventiva aqui listados, o art. 312, parágrafo 1º, estabelece que a medida pode ser aplicada quando o investigado ou acusado descumprir medidas alternativamente impostas: "A prisão preventiva também poderá ser decretada em caso de descumprimento de qualquer das obrigações impostas por força de outras medidas cautelares (art. 282, § 4º)" (Brasil, 1941).

Analisaremos posteriormente todas as medidas cautelares alternativas, mas apenas a título de exemplo: caso o investigado/acusado preso domiciliarmente ou utilizando tornozeleira eletrônica descumpra obrigações relativas às restrições de horários e locais de permanência, poderá ser revogada a medida cautelar alternativa e aplicada a prisão preventiva do sujeito.

Deve-se ressaltar que, ainda conforme art. 312, parágrafo 2º, do CPP, a decisão de decretação de prisão preventiva deve apontar a existência concreta de fatos que justifiquem sua aplicação: "A decisão que decretar a prisão preventiva deve ser motivada e fundamentada em receio de perigo e existência concreta de fatos novos ou contemporâneos que justifiquem a aplicação da medida adotada" (Brasil, 1941). Assim também define o art. 282 do CPP:

Art. 282. As medidas cautelares previstas neste Título deverão ser aplicadas observando-se a:

I – necessidade para aplicação da lei penal, para a investigação ou a instrução criminal e, nos casos expressamente previstos, para evitar a prática de infrações penais;

II – adequação da medida à gravidade do crime, circunstâncias do fato e condições pessoais do indiciado ou acusado.

[...]

§ 6º A prisão preventiva **somente será determinada quando não for cabível a sua substituição por outra medida cautelar**, observado o art. 319 deste Código, e o não cabimento da substituição por outra medida cautelar **deverá ser justificado de forma fundamentada nos elementos presentes do caso concreto, de forma individualizada**. (Redação dada pela Lei n. 13.964, de 2019) (Brasil, 1941, grifo nosso)

Abstraímos desses artigos que: (a) deve-se dar preferência à medida cautelar diversa da prisão, fundamentando sua não aplicação; e (b) devem ser utilizados argumentos baseados em fatos concretos a favor da aplicação de prisão preventiva. A Lei Anticrime trouxe, inclusive, situações que não poderiam ser utilizadas como fundamento para aplicação da prisão cautelar, consolidadas com a nova redação do parágrafo 2º do art. 315 do CPP:

Art. 315. A decisão que decretar, substituir ou denegar a prisão preventiva será sempre motivada e fundamentada. (Redação dada pela Lei n. 13.964, de 2019)

§ 1º Na motivação da decretação da prisão preventiva ou de qualquer outra cautelar, o juiz deverá indicar concretamente a existência de fatos novos ou contemporâneos que justifiquem a aplicação da medida adotada. (Incluído pela Lei n. 13.964, de 2019)

§ 2º Não se considera fundamentada qualquer decisão judicial, seja ela interlocutória, sentença ou acórdão, que: (Incluído pela Lei n. 13.964, de 2019)

I – limitar-se à indicação, à reprodução ou à paráfrase de ato normativo, sem explicar sua relação com a causa ou a questão decidida;

II – empregar conceitos jurídicos indeterminados, sem explicar o motivo concreto de sua incidência no caso;

III – invocar motivos que se prestariam a justificar qualquer outra decisão;

IV – não enfrentar todos os argumentos deduzidos no processo capazes de, em tese, infirmar a conclusão adotada pelo julgador;

V – limitar-se a invocar precedente ou enunciado de súmula, sem identificar seus fundamentos determinantes nem demonstrar que o caso sob julgamento se ajusta àqueles fundamentos;

VI – deixar de seguir enunciado de súmula, jurisprudência ou precedente invocado pela parte, sem demonstrar a existência de distinção no caso em julgamento ou a superação do entendimento. (Brasil, 1941, grifo nosso)

Percebemos uma movimentação legislativa no sentido de limitar a aplicação, ora banalizada, do instituto, que resulta na ocupação de quase metade do sistema carcerário brasileiro por presos provisórios.

Além dos esforços para melhorar a fundamentação para aplicação da medida, a nova redação do art. 311 do CPP, alterado pelo projeto de Lei Anticrime, veda a decretação de ofício da prisão cautelar:

> Art. 311. Em qualquer fase da investigação policial ou do processo penal, caberá a prisão preventiva decretada pelo juiz, **a requerimento do Ministério Público, do querelante ou do assistente, ou por representação da autoridade policial.** (Brasil, 1941, grifo nosso)

Até a aprovação da Lei n. 13.964/2019, apesar de duras críticas de operadores do direito e acadêmicos, a decretação de medida cautelar de ofício pelo magistrado era praticada, colocando em xeque a figura do juiz imparcial. Com o advento da lei, a atuação de ofício do magistrado está limitada à substituição de prisão cautelar por medida cautelar diversa.

Além da necessidade de fundamento para a decretação (garantia da ordem pública e econômica, aplicação da lei penal e conveniência da instrução criminal), a prisão preventiva ainda requer o preenchimento de alguns requisitos, trazidos pelo art. 313 do CPP:

> Art. 313. Nos termos do art. 312 deste Código, será admitida a decretação da prisão preventiva:

I - nos **crimes dolosos** punidos com pena privativa de liberdade máxima superior a 4 (quatro) anos;

II - se tiver sido condenado por outro crime doloso, em sentença transitada em julgado, ressalvado o disposto no inciso I do caput do art. 64 do Decreto-Lei n. 2.848, de 7 de dezembro de 1940 - Código Penal;

III - se o crime envolver violência doméstica e familiar contra a mulher, criança, adolescente, idoso, enfermo ou pessoa com deficiência, para garantir a execução das medidas protetivas de urgência;

[...]

§ 1º Também será admitida a prisão preventiva quando houver dúvida sobre a identidade civil da pessoa ou quando esta não fornecer elementos suficientes para esclarecê-la, devendo o preso ser colocado imediatamente em liberdade após a identificação, salvo se outra hipótese recomendar a manutenção da medida. (Redação dada pela Lei n. 13.964, de 2019)

§ 2º Não será admitida a decretação da prisão preventiva com a finalidade de antecipação de cumprimento de pena ou como decorrência imediata de investigação criminal ou da apresentação ou recebimento de denúncia. (Incluído pela Lei n. 13.964, de 2019) (Brasil, 1941, grifo nosso)

Ou seja, se não reincidente, somente pode ser preso preventivamente o investigado ou acusado por crime doloso contra a vida, com pena máxima superior a quatro anos, ou em caso envolvendo violência doméstica, como forma de garantir a execução de medida protetiva de urgência. Por fim, admite-se a prisão preventiva daquele que não puder providenciar a identidade civil, ou restar dúvidas quanto a essas informações.

O parágrafo 2º do artigo 313, incluído pela Lei Anticrime, traz, como novidade, menção expressa quanto à impossibilidade de se usar a prisão cautelar como meio de antecipação de cumprimento de pena ou como procedimento obrigatório da investigação policial ou recebimento da denúncia. Assim, uma pessoa ser investigada ou responder ação criminal não pode ensejar, discricionária e compulsoriamente, sua prisão cautelar, sob pena de aniquilamento dos princípios constitucionais da presunção de inocência e do devido processo legal.

Além disso, é requisito da prisão preventiva a certeza de existência de crime e indícios satisfatórios de autoria, devendo haver fundamentos concretos acerca do perigo na liberdade do agente. Tal exigência é considerada insuficiente por muitos autores, entre os quais Lopes Junior (2013), segundo o qual "defende-se que um juízo de possibilidade não basta para decretação de qualquer medida cautelar", ao contrário do que ocorre com a imputação; "para decretação de uma prisão preventiva, [...] diante do altíssimo custo que significa, é necessário um juízo de probabilidade, um predomínio das razões positivas" (Lopes Junior, 2013, p. 834).

Cabe ressaltar ainda que, conforme trazido pela teoria do delito, diversas são as razões que exculpam ou justificam o cometimento de um crime, em situações que levam a sentença que não importará em pena privativa de liberdade (prisão). Tais circunstâncias serão apreciadas ao longo do processo penal, não havendo sentido na manutenção da detenção do sujeito preso nesse período.

O art. 314 do CPP, inclusive, veda a aplicação de prisão cautelar quando verificado que os fatos ocorreram nas condições dos incisos I, II e III do caput do art. 23 do Código Penal, quais sejam, estado de necessidade, legítima defesa, estrito cumprimento do dever legal e exercício regular de direito.

Trataremos da revogação de medidas cautelares em capítulo diverso. Neste momento, cabe a análise do artigo 316 do CPP, uma vez que a Lei Anticrime acrescentou parágrafo único ao dispositivo legal que prevê a obrigatoriedade de revisão da necessidade de manutenção da medida cautelar a cada noventa dias, mediante decisão fundamentada, sob pena de ser decretada a prisão ilegal.

> Art. 316.
> [...]
> Parágrafo único. Decretada a prisão preventiva, deverá o órgão emissor da decisão **revisar a necessidade de sua manutenção a cada 90 (noventa) dias, mediante decisão fundamentada, de ofício, sob pena de tornar a prisão ilegal**. (Incluído pela Lei n. 13.964, de 2019) (Brasil, 1941, grifo nosso)

Mais uma vez fica clara a preocupação do legislador com a superutilização da medida cautelar, ao decretar a obrigatoriedade de revisão periódica e fundamentada da necessidade e adequação da prisão imposta. O excesso de prazo da prisão provisória também é uma preocupação. A inovação legislativa está em vigor nas decisões judiciais, conforme o seguinte exemplo:

> Em outras palavras, significa dizer que a manutenção da prisão preventiva rege-se pelo quadro fático existente no momento de sua análise, de modo que a revogação da medida deve ocorrer quando houver alteração do estado de coisas (Mougenot, 2019) 1. No presente caso, entretanto, julgo que os motivos ensejadores da prisão continuam presentes. A conveniência para instrução processual persiste, uma vez que a instrução processual ainda encontra-se prematura, havendo, portanto, necessidade de oitiva de testemunhas. Assim, a prisão permanece necessária para que se evite a interferência do réu junto a colheita de provas. A aplicação da lei penal, igualmente, e desiderato idôneo a justificar a presente prisão, uma vez que com um eventual juízo de pronúncia, torna-se ainda mais latente o risco de fuga do apenado, uma vez que, já tendo experimentado as mazelas do cárcere, maior a probabilidade de evasão. Por fim, continuam insuficientes as demais medidas cautelares para resguardar a ordem pública, mormente diante da gravidade concreta do delito e da reunião de mais indícios de autoria obtidos durante a fase de inquérito. Desse modo, são contemporâneos e presentes os motivos ensejadores da prisão preventiva, não havendo motivo para sua revogação. Por tais motivos, **mantenho a prisão preventiva, por entender que persistem os seus fundamentos, deixando para reavaliar a necessidade da medida ao longo da instrução processual (ou no prazo máximo de 90 dias, conforme preceitua o art. 316, parágrafo único, do CPP)**. (Goiás, 2020, grifo nosso)

Na decisão proferida, o magistrado não apenas apontou concretamente os fatos ensejadores da aplicação da medida cautelar, como também fundamentadamente descartou a possibilidade de aplicação de medida cautelar diversa, comprometendo-se a reavaliar a necessidade de manutenção da prisão preventiva em 90 dias, conforme previsão legal.

Vista a aplicação da prisão preventiva em linhas gerais, durante a fase de inquérito e do processo, passemos à análise da sua aplicação após decisão de pronúncia e sentença recorrível.

— 2.3.1 —
Após decisão de pronúncia

O funcionamento do Tribunal do Júri é constitucionalmente previsto (art. 5º, inciso XXXVIII), sendo sua competência definida no art. 74, parágrafo 1º, do CPP, qual seja, em casos envolvendo crimes dolosos contra a vida.

Ocorre que, antes do julgamento em plenário pelo conselho de sentença (júri), há uma fase denominada *instrução preliminar*, quando se recebe a denúncia e, efetivamente, inicia-se o processo. Nessa fase, um juiz presidente analisa as provas apresentadas e decide se é caso para julgamento pelo Tribunal do Júri (sentença de pronúncia), se se trata de caso a ser julgado pela justiça comum (impronúncia) ou se é caso de absolvição sumária.

De qualquer das decisões judiciais aqui citadas, caberá recurso, tanto da defesa quanto da acusação, conforme interesse das partes. Neste tópico, trataremos da **possibilidade de**

decretação de prisão preventiva após sentença de pronúncia, quando o juiz presidente entende, com base nas provas existentes, que a pretensão acusatória deve ser acolhida, sendo o réu julgado pelo Tribunal do Júri, conforme disposto no art. 413 do CPP:

> Art. 413. O juiz, fundamentadamente, pronunciará o acusado, se convencido da materialidade do fato e da existência de indícios suficientes de autoria ou de participação.
>
> [...]
>
> § 2º Se o crime for afiançável, o juiz arbitrará o valor da fiança para a concessão ou manutenção da liberdade provisória.
>
> § 3º O juiz decidirá, motivadamente, no caso de manutenção, revogação ou substituição da prisão ou medida restritiva de liberdade anteriormente decretada e, tratando-se de acusado solto, sobre a necessidade da decretação da prisão ou imposição de quaisquer das medidas previstas no Título IX do Livro I deste Código. (Brasil, 1941)

Assim, a decisão de pronúncia poderá vir acompanhada de manutenção ou decretação de prisão preventiva, medida cautelar diversa ou ambas, cumulativamente, quando preenchidos os requisitos para a imposição de tais medidas. No caso da prisão, devem estar presentes: (a) relevante suspeita de autoria e materialidade e (b) perigo concretamente demonstrado na manutenção do acusado em liberdade, conforme já discutido, além de algum dos fundamentos cabíveis.

Cabe ressaltar que, no caso de manutenção da prisão preventiva, a decisão de pronúncia deve fundamentar a necessidade persistida da medida cautelar, sob pena de caracterização de constrangimento ilegal na detenção injustificada do agente.

Analisemos exemplos práticos acerca da decretação ou manutenção ilegal de prisão preventiva em decisão de pronúncia, com base em análise jurisprudencial. O caso apresentado a seguir diz respeito à prisão preventiva mantida após a pronúncia do réu, ou seja, o réu havia sido preso preventivamente, houve pronúncia para julgamento pelo Tribunal do Júri e a prisão cautelar continuou existindo: "HABEAS CORPUS. PRONÚNCIA. PRISÃO PREVENTIVA. MANTIDA. **DESNECESSIDADE. CONSTRANGIMENTO ILEGAL. Mantida a constrição na pronúncia, sem apontamento fato novo para a persistência. Ordem concedida.**" (Goiás, 2017, grifo nosso).

A manutenção da prisão processual após pronúncia não é ilegal; todavia, nesse caso, a medida foi relaxada, tendo sido considerada irregular. Isso porque se entendeu que a não indicação de fato novo que corroborasse a necessidade e adequação da segregação cautelar após decisão de pronúncia ensejaria o constrangimento ilegal do sujeito, tendo sido concedido o *habeas corpus*. Assim, a prisão prévia do indivíduo por si só não justifica sua manutenção após a pronúncia.

Já neste segundo exemplo, a seguir, o constrangimento ilegal foi reconhecido porque a prisão cautelar realizada após decisão de pronúncia ocorreu sem que fossem atendidos os requisitos para sua imposição, já analisados, como a garantia da ordem pública e da instrução criminal:

> HABEAS CORPUS. HOMICÍDIO QUALIFICADO. PRONÚNCIA. PRISÃO PREVENTIVA. ALEGAÇÃO DE CONSTRANGIMENTO ILEGAL. LIMINAR CONCEDIDA. **A paciente é primária, de bons antecedentes e, até o momento, não apresenta a mínima periculosidade. Os requisitos do artigo 312 do Código de Processo Penal não estão presentes, isto é, não se faz necessária, por ora, sua custódia cautelar,** vale dizer, para garantia da ordem pública, por conveniência da instrução criminal ou para assegurar a aplicação da lei penal. Ordem concedida e confirmada a liminar. (TJ-PR – HC: 310647 PR Habeas Corpus Crime – 0031064-7, Relator: Plínio Cachuba, Data de Julgamento: 17/02/1994, 2ª Câmara Criminal) (Paraná, 1994, grifo nosso)

Poderá também a decisão de pronúncia restar acompanhada da concessão de liberdade provisória do agente, caso inexistam ou tenham cessado as circunstâncias fáticas que ensejavam a prisão preventiva.

Para o juiz de direito do Tribunal do Júri de Curitiba, Daniel Avelar, que também é professor de Processo Penal, o tribunal trabalha com crimes dolosos, os quais têm grande impacto social, penas altas e cujos réus apresentam uma periculosidade real, tratando-se, em muitos casos, de réus multirreincidentes. Ele acredita, assim, que a prisão processual apresenta diferentes nuances dentro desse contexto criminal vivido no Brasil.

Via de regra, segundo Avelar (2020), a tendência é a manutenção da prisão provisória do réu após a decisão de pronúncia, sendo este momento oportuno para sua reavaliação. Apesar desse marco revisional, raramente há a soltura do acusado preso após a decisão de julgamento pelo júri, continuando presentes os requisitos ensejadores da coação cautelar, os quais, em alguns casos, sofrem reforços. Por exemplo, não raro ocorre que, após a pronúncia, o réu preso preventivamente por intimidar e ameaçar testemunhas apresenta grande risco de evasão, no intuito de não responder pelo crime cometido, impedindo a aplicação da lei penal.

Por outro lado, quando não presentes os requisitos ensejadores da prisão cautelar antes da decisão de pronúncia, dificilmente há modificação desse estado posteriormente ao pronunciamento do réu. Assim, via de regra, estando o réu em liberdade, após pronúncia, a situação será mantida, sendo o acusado mantido solto.

Não obstante a isso, Avelar (2020) defende a ampliação do uso de medidas cautelares diversas da prisão sempre que possível, e entende que muitos juízes optam automaticamente pela medida mais drástica, da detenção do acusado, por questões envolvendo comodidade, especialmente ante a opinião pública e a intimidação sofrida pela mídia. Segundo ele, "deve-se ter coragem para a evitação de encarceramento prematuro".

Por outro lado, Avelar (2020) alega que, apesar dos assustadores números de encarceramento no Brasil, a população reclusa apresenta alta periculosidade, sendo muitos os crimes cometidos com violência e grave ameaça em nosso país. Ele reitera que mais de 60 mil brasileiros morrem violentamente por ano, não se tratando de uma nação pacata, visto haver mais mortes aqui do que em países que enfrentam situação de guerra (Avelar, 2020).

Ademais, o juiz relembra que o ordenamento processual pátrio apresenta medidas de evitação prisional para crimes menores, como a transição penal, a suspensão condicional do processo e, mais recentemente, o acordo de não persecução penal. Avelar (2020) finaliza sua reflexão reconhecendo a precariedade do sistema prisional brasileiro e a existência de verdadeiras masmorras medievais para cumprimento de pena, além do grave problema enfrentado pelo Judiciário, qual seja, a justiça tardia, resultado da demora processual. Todavia, afirma que até o momento nada melhor foi inventado.

Por fim, cabe ressaltarmos que não será legal a obrigatoriedade do recolhimento à prisão após decisão de pronúncia ou sentença condenatória como condição para recebimento de recurso, conforme julgados de tribunais superiores. A prisão após sentença condenatória não definitiva é nosso próximo tópico de discussão.

— 2.3.2 —
Após sentença recorrível

O art. 387 do CPP dispõe que o juiz, na sentença, decidirá pela manutenção da prisão preventiva do acusado, se este se encontrar de fato preso preventivamente, ou pela imposição de prisão preventiva ou outra medida cautelar, se o acusado se encontrar em liberdade. Ou seja, durante a fase de apelação da sentença, o réu poderá ser mantido preso ou ter sua prisão decretada, mesmo antes do trânsito em julgado.

> Art. 387. O juiz, ao proferir sentença condenatória:
>
> [...]
>
> § 1º O juiz decidirá, fundamentadamente, sobre a manutenção ou, se for o caso, a imposição de prisão preventiva ou de outra medida cautelar, sem prejuízo do conhecimento de apelação que vier a ser interposta.
>
> § 2º O tempo de prisão provisória, de prisão administrativa ou de internação, no Brasil ou no estrangeiro, será computado para fins de determinação do regime inicial de pena privativa de liberdade. (Brasil, 1941)

Tal medida visa assegurar a aplicação da lei penal, buscando impedir a fuga do acusado, quando houver motivos que levem a acreditar nessa possibilidade, conforme já analisamos. Todavia, deve-se ressaltar que o dispositivo, se não aplicado em consonância com o art. 312 do CPP, afronta a presunção de inocência do acusado, constitucionalmente garantida, entendendo-se que ninguém será considerado culpado, e, portanto, preso, antes do trânsito em julgado da sentença. Ou seja, devem estar presentes, no caso concreto, os requisitos da prisão preventiva, mesmo que inexista sentença condenatória, para que a detenção seja cabível.

É necessário ressaltar também que o tempo de prisão cautelar será computado para fins de determinação de regime inicial de cumprimento de pena.

— 2.3.3 —
Excesso de prazo da prisão preventiva

A prisão preventiva não tem limite temporal de duração previsto legalmente, de forma expressa. Não obstante a isso, o tempo da prisão processual não pode ser exageradamente longo, sob pena de cometimento de excesso e constrangimento ilegal do acusado.

O CPP prevê prazos máximos para realização de diligências e fases do processo, os quais deveriam ser balizadores do andamento processual – mas, infelizmente, não são. Há previsão legal, por exemplo, do prazo de dez dias para a conclusão do inquérito policial e de cinco dias para o oferecimento da denúncia.

O entendimento jurisprudencial, de maneira majoritária, entende ser razoável a manutenção da prisão preventiva enquanto durar a instrução criminal. Ademais, casos que evidenciem abuso e constrangimento ilegal são relaxados pelos tribunais superiores, inclusive os de demora de julgamento pelo Tribunal do Júri de preso preventivamente. É o caso do exemplo trazido a seguir:

HABEAS CORPUS. PRISÃO PREVENTIVA. EXCESSO DE PRAZO. ORDEM CONCEDIDA. O paciente se encontra **preso há mais de quatro anos e ainda não foi julgado pelo tribunal do júri**. Tal fato, não se pode negar, **evidencia o excesso de prazo da custódia cautelar**. Ordem concedida. (Brasil, 2010b, grifo nosso)

Nele, entendeu-se pelo excesso de prazo, consequentemente pelo constrangimento ilegal, uma vez que o réu se encontrava, após decisão de pronúncia, preso cautelarmente por quatro anos, aguardando julgamento.

Assim, deve ficar claro que, apesar de ser possível a prisão preventiva do acusado após decisão de pronúncia, quando preenchidos os requisitos, o excesso de prazo da prisão processual – neste ou em qualquer outro caso de decretação de prisão preventiva – acarreta constrangimento ilegal do sujeito detido, devendo aquela ser relaxada e o detido, posto em liberdade.

Cabe ressaltar, ainda, o disposto na Súmula n. 697 do STF, que dispõe que "A proibição de liberdade provisória nos processos por crimes hediondos não veda o **relaxamento da prisão processual por excesso de prazo**" (Brasil, 2003b, grifo nosso).

Ou seja, mesmo nos casos em que há proibição de liberdade provisória, como nos crimes hediondos, constatando-se o excesso de prazo da prisão processual, deve esta ser declarada ilegal e o acusado posto em liberdade, para aguardar o andamento do processo.

— 2.4 —
Prisão especial

A prisão especial é prisão cautelar preventiva imposta a pessoas que, em razão de função ou cargo que ocupam, cumprem-na em ambiente distinto da prisão comum, como, por exemplo, quartéis. O art. 295 do CPP apresenta um rol não taxativo de pessoa com direito à prisão especial, havendo normas que o complementam, como no caso de advogados:

> Art. 295. Serão recolhidos a quartéis ou a prisão especial, à disposição da autoridade competente, quando sujeitos a prisão antes de condenação definitiva:
>
> I – os ministros de Estado;
>
> II – os governadores ou interventores de Estados ou Territórios, o prefeito do Distrito Federal, seus respectivos secretários, os prefeitos municipais, os vereadores e os chefes de Polícia;
>
> III – os membros do Parlamento Nacional, do Conselho de Economia Nacional e das Assembleias Legislativas dos Estados;
>
> IV – os cidadãos inscritos no "Livro de Mérito";
>
> V – os oficiais das Forças Armadas e os militares dos Estados, do Distrito Federal e dos Territórios;
>
> VI – os magistrados;
>
> VII – os diplomados por qualquer das faculdades superiores da República;
>
> VIII – os ministros de confissão religiosa;
>
> IX – os ministros do Tribunal de Contas;

X – os cidadãos que já tiverem exercido efetivamente a função de jurado, salvo quando excluídos da lista por motivo de incapacidade para o exercício daquela função;

XI – os delegados de polícia e os guardas-civis dos Estados e Territórios, ativos e inativos.

§ 1º A prisão especial, prevista neste Código ou em outras leis, consiste exclusivamente no recolhimento em local distinto da prisão comum.

§ 2º Não havendo estabelecimento específico para o preso especial, este será recolhido em cela distinta do mesmo estabelecimento.

§ 3º A cela especial poderá consistir em alojamento coletivo, atendidos os requisitos de salubridade do ambiente, pela concorrência dos fatores de aeração, insolação e condicionamento térmico adequados à existência humana.

§ 4º O preso especial não será transportado juntamente com o preso comum.

§ 5º Os demais direitos e deveres do preso especial serão os mesmos do preso comum. (Brasil, 1941)

A prisão preventiva especial cabe apenas até o trânsito em julgado da sentença, momento em que o condenado passará a cumprir a pena a ele imposta, com seu regime definido, no estabelecimento determinado para tanto – presídio ou hospital de custódia (se semi-imputável ou inimputável).

Há um projeto de lei (PL 3.945/2019) que busca excluir do rol das pessoas com direito a prisão preventiva especial aquelas que sejam simplesmente portadoras de diploma de ensino superior ou estejam inscritas no "Livro de Mérito". Os elaboradores do projeto alegam que tal condição de especialidade apenas aprofunda a situação de desigualdade dentro do sistema de justiça criminal, em que a maioria dos presos é negra, de baixa escolaridade e nível social. Alega-se que o cometimento de crime deveria ser investigado e punido de maneira igual a todos os cidadãos.

— 2.5 —
Prisão temporária

A prisão temporária substitui a "prisão para averiguação", criada para ser utilizada pela força policial durante a fase de inquérito. Nessa modalidade, o cidadão pode permanecer detido em delegacia, ficando à disposição da força policial para interrogatório e demais diligências. Para sua imposição, como em qualquer medida cautelar, deve ser analisada a necessidade e adequação da medida: será a detenção do sujeito necessária para a investigação e produção de provas? A prisão é a única maneira de assegurar isso ou há a possibilidade de se alcançar o resultado almejado por meio da imposição de medida cautelar diversa? A prisão é proporcional ao crime cometido e à pena a ser imposta?

Sendo a prisão temporária necessária e adequada, ela tem um prazo máximo de duração estipulado em lei, diferentemente da prisão preventiva. Para crimes comuns, o prazo é de cinco dias, prorrogáveis por mais cinco (somando um total de dez dias). Em caso de crime hediondo, o prazo máximo de duração é de trinta dias, prorrogáveis por igual período (somando um total de sessenta dias).

Cabe ressaltar que esses são prazos máximos, podendo a prisão ser imposta por período inferior ou o cidadão ser posto em liberdade antes de findado o termo da prisão provisória. Não sendo esse o caso, acabado o prazo, o sujeito deve ser imediatamente posto em liberdade, sob pena de cometimento de crime de abuso de autoridade.

A prisão temporária será decretada pelo juiz, a pedido do Ministério Público ou da autoridade policial, por meio de decisão fundamentada, apenas para os casos trazidos taxativamente pela Lei n. 7.960, de 21 de dezembro de 1989, art. 1º, inciso III, não podendo ser decretada de ofício.

> Art. 1º. Caberá prisão temporária:
>
> I – quando imprescindível para as investigações do inquérito policial;
>
> II – quando o indicado não tiver residência fixa ou não fornecer elementos necessários ao esclarecimento de sua identidade;
>
> III – quando houver fundadas razões, de acordo com qualquer prova admitida na legislação penal, de autoria ou participação do indiciado nos seguintes crimes:
>
> a) homicídio doloso;
>
> b) sequestro ou cárcere privado;
>
> c) roubo;

d) extorsão;

e) extorsão mediante sequestro;

f) estupro;

g) atentado violento ao pudor;

h) rapto violento;

i) epidemia com resultado de morte;

j) envenenamento de água potável ou substância alimentícia ou medicinal qualificado pela morte;

l) quadrilha ou bando (art. 288), todos do Código Penal;

m) genocídio (arts. 1°, 2° e 3° da Lei n. 2.889, de 1° de outubro de 1956), em qualquer de suas formas típicas;

n) tráfico de drogas;

o) crimes contra o sistema financeiro;

p) crimes previstos na Lei de Terrorismo. (Brasil, 1989)

Como se abstrai da lei, aplica-se a prisão temporária apenas a alguns casos de crimes graves. A medida não poderá ser decretada após o término do inquérito policial nem continuar existindo, se decretada em fase de inquérito, após terminada a investigação. Findado o prazo máximo, com prorrogação, da medida cautelar, e havendo necessidade e preenchimento dos requisitos, poderá ser decretada a prisão preventiva do sujeito, a qual não possui prazo de duração.

Muito forte é a crítica ao instituto da prisão temporária, uma vez que esta tem o propósito de controle e custódia de cidadão apenas suspeito de cometimento de crime, justamente para que a polícia tenha acesso irrestrito a ele e possa ouvi-lo. Assim sendo, o maior receio que acomete os críticos se dá em razão de possíveis abusos, torturas e violação de direitos humanos e fundamentais na busca por uma confissão de crime.

Todavia, apesar de muito controversa, a prisão temporária segue sendo amplamente aplicada pelo sistema de justiça criminal.

— 2.6 —
Medida de internação provisória de menores infratores

No Brasil, a maioridade penal é estabelecida em 18 anos. Entende-se que, antes disso, há um desenvolvimento mental incompleto do agente, não podendo ele responder de maneira integral pelos seus atos (CP, arts. 26 e 27). Pesquisas atualizadas nos Estados Unidos inclusive elevaram, nos últimos anos, a idade de maturação cerebral completa para 21 anos (Juvenile, 2020).

Com base no comprovado desenvolvimento mental incompleto, há legislação brasileira especializada no que tange crianças e adolescentes, qual seja, o Estatuto da Criança e do Adolescente (ECA), Lei n. 8.069, de 13 de julho de 1990. Em matéria penal, menores são considerados inimputáveis. O ECA traz regras gerais, aplicando ao menor a parte especial do Código Penal de maneira análoga, no que diz respeito aos crimes em espécie. Assim, menores de 18 anos não cometem crime, mas ato infracional, e também não cumprem pena, mas medida socioeducativa em estabelecimento diverso da prisão.

Por esses motivos, ao cometerem atos infracionais, menores podem ser apreendidos em flagrante, mas não são submetidos à prisão cautelar, e, sim, à medida de internação provisória. Assim, um menor surpreendido nas situações de flagrância é apreendido, devendo ser encaminhado à autoridade policial competente, preferencialmente à delegacia especializada, se existente. Sendo o ato infracional cometido por meio de violência ou grave ameaça à pessoa, o procedimento adotado é de lavratura de auto de apreensão. Para os demais casos, a lavratura do auto é substituída por boletim de ocorrência circunstanciada.

O menor poderá ser submetido à medida de internação provisória, desde que presentes seus requisitos. Os pressupostos autorizadores da internação provisória seguem os das prisões cautelares, quais sejam: *fumus comissi delicti* ("fumaça de autoria") e o *periculum libertatis* ("perigo de liberdade"), além dos requisitos de manutenção de ordem pública e segurança pessoal do infrator.

O ECA dispõe o seguinte:

> Art. 174. Comparecendo qualquer dos pais ou responsável, o adolescente será prontamente liberado pela autoridade policial, sob termo de compromisso e responsabilidade de sua apresentação ao representante do Ministério Público, no mesmo dia ou, sendo impossível, no primeiro dia útil

imediato, **exceto quando, pela gravidade do ato infracional e sua repercussão social, deva o adolescente permanecer sob internação para garantia de sua segurança pessoal ou manutenção da ordem pública.** (Brasil, 1990a, grifo nosso)

Ou seja, em casos de crimes graves, havendo necessidade de zelar pela ordem pública ou pela segurança pessoal do menor, ele poderá ser internado provisoriamente.

É necessário abrir um parêntese para questionarmos a intenção estatal em proteger o menor quando este, em liberdade, estiver ameaçado. É compreensível a motivação da normativa, tendo em vista facções criminosas se utilizarem de menores para práticas de atividades ilegais, havendo risco à sua integridade, caso a organização desconfie de sua colaboração com a polícia.

Todavia, é difícil depreender estar o menor em segurança quando internado, ainda que provisoriamente, em instituições estatais. Inspeções feitas por entidades privadas e órgãos públicos apontam tortura, superlotação, cooptação por facções, falta de atividades de ressocialização e estrutura precária como problemas vividos pelo menor infrator em casas de custódia do país (Madeiro, 2017).

Assim como nos presídios, as casas de detenção apresentam motins, com a morte de inúmeros internos. No Lar do Garoto, no estado da Paraíba, sete jovens morreram queimados, em ambiente superlotado e com escassez de água (Madeiro, 2017).

Figura 2.1 – Interior de instituição destinada à internação de menores infratores

Fonte: Ministério Público do Piauí, 2016.

Integrantes do Centro de Defesa da Criança e do Adolescente relataram denúncias de tortura, revista vexatória, tratamentos cruéis e desumanos, além de mortes por ações de agentes públicos ou com a contribuição destes, por meio de omissão de socorro. Constataram, ainda, insalubridade dos centros, falta de atividades educativas e de atendimento à saúde (Madeiro, 2017).

Com base nas situações fáticas de superlotação e insalubridade, decisões de tribunais superiores vêm sendo tomadas no sentido de que sejam verificadas, pelo juiz da execução, as condições para acolhimento do menor em instituição de internamento, substituindo a detenção institucional pela domiciliar, quando necessária.

Assim é o posicionamento emanado pelo desembargador Ribeiro Dantas, no *Habeas Corpus* 513.199 do STJ, no qual se destaca que a função da internação de menor infrator não é castigar, e, sim, educar e ressocializar:

> recomendo ao Juízo das Execuções da Medida Socioeducativa que verifique as condições locais de internação do menor, e, caso afrontem a dignidade humana e o escopo educador e ressocializador da medida, analise a possibilidade de conversão desta em internação domiciliar. (Brasil, 2019c)

Observe que a criticada repercussão social do ato também é utilizada para fundamentar a necessidade de internação provisória. Por fim, não sendo caso de crime violento ou realizado mediante grave ameaça, o menor deverá ser liberado quando acompanhado de um responsável, para responder em liberdade.

Ao contrário da prisão preventiva, o art. 108 do ECA prevê tempo de duração máximo para a internação provisória do menor, estipulado em 45 dias:

> Art. 108. A internação, antes da sentença, pode ser determinada pelo **prazo máximo de quarenta e cinco dias.**
>
> Parágrafo único. A decisão deverá ser fundamentada e basear-se em **indícios suficientes de autoria e materialidade, demonstrada a necessidade imperiosa da medida.** (Brasil, 1990a, grifo nosso)

Ultrapassado esse período, fica configurado o constrangimento ilegal. Lembre-se de que a medida socioeducativa deve respeitar as peculiaridades da pessoa em desenvolvimento. Convém também ressaltar que o ato infracional análogo ao tráfico de drogas, exclusivamente, não é suficiente para ensejar a internação do adolescente, conforme firmado pela Súmula n. 492 do STJ: "O ato infracional análogo ao tráfico de drogas, por si só, não conduz obrigatoriamente à imposição de medida socioeducativa de internação do adolescente" (Brasil, 2012b).

Depreende-se do entendimento que, especialmente nos casos de internação provisória, o racional emanado pela Corte Superior deve prevalecer. Sendo exceção, para a medida provisória ser aplicada, sua necessidade deve estar constatada, restando a alusão à reprovabilidade do fato e suas consequências como motivação genérica.

Passaremos, por fim, à análise da aplicação de medida de segurança no âmbito cautelar.

— 2.7 —
Medida de segurança

O Código Penal, em seu art. 26, apresenta os casos de inimputabilidade de maiores, decorrente de doença mental ou desenvolvimento mental incompleto. O ordenamento jurídico adotou o critério biopsicológico no intuito de estabelecer a imputabilidade do agente no que se refere a sua sanidade mental. Para tanto, dois fatores são levados em consideração: a sanidade mental do sujeito e sua capacidade de compreensão quanto ao caráter ilícito da conduta praticada, podendo determinar-se conforme esse entendimento.

Além da comprovação, mediante laudo pericial, da existência de enfermidade mental, igualmente necessária é a comprovação de que, em razão da enfermidade, o agente não podia, no momento do fato, compreender que o que fazia era contrário à lei, ou não podia agir conforme essa compreensão. De acordo com entendimento jurisprudencial,

> faz-se mister, ainda, que exista prova (v.g. perícia) de que este transtorno realmente afetou a capacidade de compreensão do caráter ilícito do fato (requisito intelectual) ou de determinação segundo esse conhecimento (requisito volitivo) à época do fato, i.e., no momento da ação criminosa. (Brasil, 2004)

Assim sendo, um inimputável ou semi-imputável que cometer um crime não cumprirá pena se condenado, mas, sim, medida de segurança, consistente em internação em casa de custódia (se crime originalmente apenado com reclusão), tratamento psiquiátrico ou tratamento ambulatorial (se o crime for apenado com detenção).

Poderá um inimputável, nas condições acimas descritas, sofrer internação preventiva? O CPP estabelece que:

Art. 319. São medidas cautelares diversas da prisão:

[...]

VII - internação provisória do acusado nas hipóteses de crimes praticados com violência ou grave ameaça, quando os peritos concluírem ser inimputável ou semi-imputável (art. 26 do Código Penal) e houver risco de reiteração. (Brasil, 1941)

Ou seja, em casos de crimes praticados com violência ou grave ameaça, poderá o acusado, mesmo que inimputável, ser internado provisoriamente, desde que realizada perícia que ateste sua condição: "O pedido de internação provisória deve ser examinado após a conclusão do incidente de sanidade mental instaurado, a fim de comprovar eventual inimputabilidade do paciente" (Minas Gerais, 2019).

Além disso, é condição para o internamento provisório a presença de risco de cometimento de novo crime. Esse é também o entendimento de tribunais superiores: "No caso de Paciente inimputável, converte-se a Prisão Preventiva em Internação Provisória quando necessário prevenir a repetição do ato ilícito e proporcionar tratamento médico adequado" (Acre, 2019).

Assim como na prisão preventiva, não há limite ou prazo de duração da medida, devendo estar também presentes os requisitos da prisão cautelar, observando-se princípios constitucionalmente estipulados (tais como excepcionalidade, proporcionalidade e provisoriedade), os quais discutiremos adiante.

As instituições totais no Brasil, no que se refere à custódia de pessoas que atentaram contra as leis, sofrem com a omissão e o descaso estatal de forma generalizada. Essa realidade também contempla os hospitais de custódia, conhecidos outrora como *manicômios*.

Com o advento da Lei n. 12.216/2001, os manicômios judiciários foram extintos e substituídos por Centros de Atenção Psicossocial (CAPS), restando apenas os hospitais de custódia como estruturas similares às manicomiais (Santos; Farias; Pinto, 2015).

No livro *Holocausto Brasileiro*, de 2013, Daniela Arbex denuncia o tratamento desumano e cruel historicamente dado aos internos dessas instituições, com a institucionalização do inimputável sem tempo determinado. Na obra, que traz registros fotográficos, a autora reconstrói a história do Hospital Colônia, em Barbacena. Estima-se que a instituição psiquiátrica, responsável direta ou indiretamente (por omissão) pela morte de 60 mil internos, era composta por quase 70% (setenta por cento) de pessoas sem qualquer doença mental. Relata-se ser a entidade um depósito para os indesejados, abrigando "desafetos, homossexuais, militantes políticos, mães solteiras, alcoolistas, mendigos, negros, pobres [...]" (Arbex, 2013, p. 19).

Segundo Arbex (2013), além da estrutura degradante, entre os abusos cometidos na instituição estavam a falta de alimento, água e vestuário, com detentos nus, matando a sede no esgoto que corria entre os prédios e se alimentando de bichos. Crianças que já sabiam caminhar eram mantidas em berços, em tempo ininterrupto, sem possibilidade sequer de sair para tomar sol.

A falta de estímulos comprometia seu desenvolvimento. A exploração de mão de obra escrava dos pacientes também era comum. Além de banhos de mangueira com água gelada no inverno, com os internos deixados ao relento para ver quem sobreviveria ao amanhecer, intervenções médicas não justificadas, como tratamento com choques elétricos e a prática de lobotomia eram corriqueiras. Também ocorria a venda dos corpos de internos mortos para faculdades – estima-se a transação de 1.823 corpos, distribuídos entre 17 faculdades de medicina (Arbex, 2013).

Na atualidade, a Associação do Ministério Público de Minas Gerais, em nota, publicou conclusões emanadas pela Organização das Nações Unidas (ONU), que alegam que "hospitais de custódia usados para abrigar pessoas com transtornos mentais e em conflito com a lei são potenciais espaços de tortura" (Associação do Ministério Público de Minas Gerais, 2013).

Segundo a nota, as instituições, cujos internos são, em grande parte, dependentes químicos, retratam a internação com finalidade punitiva, e não terapêutica. Em outra pesquisa, financiada pelo Departamento Penitenciário Nacional (Depen), constata-se que mais de 20% dos internos em hospitais de custódia lá estão há mais tempo do que eventual pena máxima que receberiam pelo crime cometido (Associação do Ministério Público de Minas Gerais, 2013).

De acordo com Santos, Farias e Pinto (2015, p. 1.217), espalhados pelo país, "milhares de aprisionados são mantidos irregularmente internados, sem a obtenção de benefícios legais, conforme os resultados encontrados no mutirão carcerário realizado pelo Conselho Nacional de Justiça".

Assim sendo, há militância por parte de profissionais da saúde pelo fim da internação de inimputáveis, com sua substituição completa pelo tratamento ambulatorial via CAPS.

Clama-se urgência na revisão dos princípios legais voltados para os inimputáveis que, sem as devidas vinculações da lei n. 12.160 com as demais legislações, inviabilizará o principal marco dessa Lei Antimanicomial, uma sociedade sem manicômios, incluídos os judiciários. Os denominados HCTP, forjados como hospitais-prisão, mantêm sua existência jurídica com abalos na sua presença onipotente do passado [...]. O discurso da periculosidade corporificado na medida de segurança ainda se configura pela unilateralidade da premissa da segurança social e envolve uma rede de indivíduos dispersos sob o rótulo de inimputáveis e semi-imputáveis, sem levar em conta os entrelaçamentos atuais das políticas de saúde mental e de direitos humanos. Será necessário construir uma política de segurança sobre novas bases que não responda ao crime ou a qualquer violência produzida por sujeitos com transtorno mental em conflito com a lei com outra violência social, a institucionalização em HCTP, onde a reclusão para tratamento tem caráter punitivo, de custódia e de suspensão de direitos, em contraposição às metas prioritárias de tratamento humanitário em Centros de Atenção Psicossocial e outros dispositivos em saúde mental. Afinal, a justiça criminal deve cumprir o real veredicto de inimputabilidade, a absolvição do ato e a consequente necessidade de uma atenção especializada com a finalidade única de realizar o ato de cuidado e de atenção diferenciada para todos os necessitados, independentemente da qualificação jurídica equivocada de "loucos-criminosos". (Santos; Farias; Pinto, 2015, p. 1226-1227)

Finalizada a análise acerca da medida extrema de prisão cautelar e internação provisória de inimputáveis, sua aplicabilidade e vedações envolvendo os institutos, nos debruçaremos, agora, sobre as medidas cautelares alternativas à prisão existentes.

Capítulo 3

Medidas cautelares diversas

Como já informado, hoje o Brasil apresenta mais de 40% de presos em situação cautelar, ou seja, presos processualmente, e não em situação de cumprimento de pena imposta após sentença condenatória transitada em julgado.

Há popularidade da aplicação da prisão cautelar dentro da cultura jurídica criminal em nosso país, o que está intimamente ligado à crise carcerária experimentada pelo sistema. Conforme levantamento último do Conselho Nacional de Justiça (CNJ) (Sistema, 2020), há um déficit de mais de 300 mil vagas no sistema penitenciário brasileiro, considerando-se mandados não cumpridos, prisões domiciliares, detenções em delegacias e a superlotação nos presídios.

Exemplos internacionais comprovam a eficácia da redução da população carcerária com a limitação do uso da medida excepcional. Países como Portugal conseguiram reduzir o excesso populacional em suas prisões adotando, entre suas ações, maior rigidez para a imposição de prisões preventivas e optando por medidas cautelares diversas sempre que cabíveis.

De acordo com o Ministério de Segurança Pública nacional (Sistema, 2020), um conjunto de iniciativas está sendo colocado em prática no intuito de incentivar a aplicação de medidas alternativas à prisão, quando adequadas, dentre elas a monitoração por tornozeleira eletrônica. A Lei Anticrime insere no Código de Processo Penal (CPP), no art. 321, clara orientação aos magistrados nesse sentido:

Art. 321. Ausentes os requisitos que autorizam a decretação da prisão preventiva, o juiz deverá conceder liberdade provisória, impondo, se for o caso, as medidas cautelares previstas no art. 319 deste Código e observados os critérios constantes do art. 282 deste Código. (Brasil, 1941)

Medidas alternativas não apenas são sugeridas no texto da lei, mas a nova redação do art. 282, parágrafo 6º, exige que o magistrado justifique seu não cabimento de forma concreta e individualizada. Assim, o art. 319 do CPP passa a ter um lugar de maior destaque no que tange às medidas restritivas de direito em fase processual, nos seguintes termos:

> Art. 319. São medidas cautelares diversas da prisão:
>
> I – comparecimento periódico em juízo, no prazo e nas condições fixadas pelo juiz, para informar e justificar atividades;
>
> II – proibição de acesso ou frequência a determinados lugares quando, por circunstâncias relacionadas ao fato, deva o indiciado ou acusado permanecer distante desses locais para evitar o risco de novas infrações;
>
> III – proibição de manter contato com pessoa determinada quando, por circunstâncias relacionadas ao fato, deva o indiciado ou acusado dela permanecer distante;
>
> IV – proibição de ausentar-se da Comarca quando a permanência seja conveniente ou necessária para a investigação ou instrução;

V – recolhimento domiciliar no período noturno e nos dias de folga quando o investigado ou acusado tenha residência e trabalho fixos;

VI – suspensão do exercício de função pública ou de atividade de natureza econômica ou financeira quando houver justo receio de sua utilização para a prática de infrações penais;

VII – internação provisória do acusado nas hipóteses de crimes praticados com violência ou grave ameaça, quando os peritos concluírem ser inimputável ou semi-imputável (art. 26 do Código Penal) e houver risco de reiteração;

VIII – fiança, nas infrações que a admitem, para assegurar o comparecimento a atos do processo, evitar a obstrução do seu andamento ou em caso de resistência injustificada à ordem judicial;

IX – monitoração eletrônica.

[...]

§ 4º A fiança será aplicada de acordo com as disposições do Capítulo VI deste Título, podendo ser cumulada com outras medidas cautelares. (Brasil, 1941)

É importante identificar o objetivo de cada medida alternativa anteriormente descrita. Vejamos:

- **O comparecimento periódico em juízo:** permite o controle das atividades do imputado, servindo também para evitar fugas, e garante regular andamento do processo e aplicação da lei penal.

- **Proibição de acesso e frequência a determinados lugares:** busca obstar o cometimento de novo crime de mesma natureza pelo réu, muito comum em crimes de violência doméstica, por exemplo.
- **Proibição de manter contato com pessoa determinada:** geralmente relacionado ao distanciamento da vítima, testemunha ou coautor de crime. Não raro, sabe-se de casos em que vítimas e testemunhas são coagidas para não prestar depoimento ou para modificá-lo. Tal medida intenta prevenir essa prática.
- **Proibição de ausentar-se da comarca:** trata-se de medida para, obviamente, evitar a fuga do imputado.
- **Recolhimento domiciliar no período noturno e dias de folga:** essa medida pode ser acompanhada do uso de tornozeleira eletrônica, e serve como forma de controle e disciplina do imputado.
- **Suspensão de função pública ou atividade econômica financeira:** destinada aos imputados por crimes econômicos ou servidores públicos no exercício da função, por receio de reiteração.
- **internação provisória:** medida de segurança cautelar para inimputáveis ou semi-imputáveis que cometam crime com grave ameaça ou violência e havendo risco de novo comportamento criminoso, cumulativamente.
- **Fiança:** pagamento de valor para que seja concedida liberdade provisória, com a intenção de assegurar o comparecimento do sujeito a todos os atos processuais.

- **Monitoramento eletrônico:** como já dissemos anteriormente, além do uso para impedir a fuga do imputado, pode ser utilizado para efetivar outras medidas cautelares.

Quanto à possibilidade de utilização de monitoramento eletrônico, no ano de 2018 o Departamento Penitenciário Nacional (Depen), em parceria com o Programa das Nações Unidas para o Desenvolvimento (Pnud), elaborou um "Diagnóstico sobre a política de monitoração eletrônica" (Brasil, 2018c), revelando que, até 2017, 51 mil pessoas foram submetidas a essa medida no Brasil, a qual tem se tornado mais comum e sido buscada como alternativa à privação de liberdade.

O estudo mostra, ainda, o perfil das pessoas monitoradas, indicando que "os serviços estão voltados majoritariamente ao público masculino, com 89%. As mulheres somavam 11% do total. Cerca de 29% do público tinha entre 25 e 29 anos. Quanto à escolaridade, 46% das pessoas tinham o ensino fundamental incompleto." (Brasil, 2018b). Os estados em que a medida se encontra mais popularizada são Pernambuco, Paraná (com 6.289 pessoas monitoradas até o fim de 2017), e Rio Grande do Sul, nessa ordem.

O diretor-geral do Depen à época, Tácio Muzzi, ressaltou o benefício econômico da medida, cujo custo pode ser dez vezes menor do que o de manter o cidadão preso, e destacou que monitorar eletronicamente alguém não significa deixar de punir.

As medidas cautelares alternativas buscam o meio-termo entre dois extremos: a liberdade do sujeito – muitas vezes não recomendada, como em casos em que há ameaças à vítima ou testemunhas, destruição de provas em crimes cometidos, realização de novas condutas delituosas, entre outros; e a privação total de liberdade em ambiente carcerário – o que frequentemente também não é a melhor alternativa ante as características pessoais do agente, sua primariedade, o baixo grau ofensivo da conduta criminosa praticada, a não incidência de pena de reclusão em caso de futura condenação etc.

Todavia, um grande desafio encontrado pelas autoridades para a eficaz aplicação das medidas alternativas é sua fiscalização. Badaró (2011) bem aponta que "o importante é ter em mente que a finalidade da medida cautelar é manter o vínculo do acusado, investigado, com o processo judicial. Saber onde ele está, onde mora, o que faz...".

Além disso, em caso de medidas cautelares que visem resguardar provas, testemunhas e vítimas (como no caso da medida que proíbe contato com pessoa determinada), deve haver fiscalização em tempo real e de maneira que seja facilitada a averiguação em caso de descumprimento. Exemplo disso são as medidas restritivas aplicadas no âmbito da Lei Maria da Penha, em que muitas vezes o descumprimento causa dano irreparável à vítima, inclusive sua morte, pelo agressor.

É muito importante ressaltar que as medidas cautelares diversas têm, para sua aplicação, os mesmos requisitos e fundamentos da prisão preventiva; ou seja, somente quando couber prisão preventiva, porém se entender ser esta medida desnecessária ou desproporcional, é que caberá medida cautelar alternativa.

As medidas cautelares alternativas podem ser aplicadas a qualquer tempo, desde a fase de investigação policial (como, por exemplo, em situação de não conversão de flagrante em prisão preventiva, optando-se por cautelar diversa) até posteriormente à sentença condenatória em ação penal não transitada em julgado. Tais medidas podem ser cumuladas com a liberdade provisória, aplicada pelo juiz, no momento da prisão em flagrante; ou, ainda, podem ser aplicadas cumulativamente duas ou mais cautelares alternativas.

Assim como a prisão cautelar, as medidas alternativas não têm prazo máximo de duração, estendendo-se enquanto necessárias, a critério do juiz. Importante diferença entre a prisão preventiva e medidas cautelares diversas é o fato de que estas são cabíveis contra condutas de menor potencial ofensivo e podem ser impostas, revogadas e substituídas de ofício.

Por fim, os artigos 317 e 318 do CPP trazem a **prisão cautelar domiciliar** para os casos envolvendo maior de 80 anos, portador de doença grave, responsável por menor de 12 anos ou pessoa com deficiência e gestante a partir do sétimo mês de gravidez ou com gravidez de alto risco.

> Art. 317. A prisão domiciliar consiste no recolhimento do indiciado ou acusado em sua residência, só podendo dela ausentar-se com autorização judicial.
>
> Art. 318. Poderá o juiz substituir a prisão preventiva pela domiciliar quando o agente for:
>
> I – maior de 80 (oitenta) anos;

II - extremamente debilitado por motivo de doença grave;

III - imprescindível aos cuidados especiais de pessoa menor de 6 (seis) anos de idade ou com deficiência;

IV - gestante;

V - mulher com filho de até 12 (doze) anos de idade incompletos;

VI - homem, caso seja o único responsável pelos cuidados do filho de até 12 (doze) anos de idade incompletos.

Parágrafo único. Para a substituição, o juiz exigirá prova idônea dos requisitos estabelecidos neste artigo. (Brasil, 1941)

Importante decisão ocorreu em 2018, quando a Segunda Turma do STF concedeu *habeas corpus* coletivo para que gestantes ou mães de crianças com até 12 anos, ou de crianças com deficiência, tenham a prisão preventiva substituída por domiciliar ou medida cautelar alternativa. Vejamos:

> Prosseguindo no julgamento, a Turma, por maioria, concedeu a ordem para **determinar a substituição da prisão preventiva pela domiciliar - sem prejuízo da aplicação concomitante das medidas alternativas previstas no art. 319 do CPP - de todas as mulheres presas, gestantes, puérperas, ou mães de crianças e deficientes sob sua guarda**, nos termos do art. 2º do ECA e da Convenção sobre Direitos das Pessoas com Deficiências (Decreto Legislativo 186/2008 e Lei 13.146/2015), relacionadas nesse processo pelo DEPEN e outras autoridades estaduais, enquanto perdurar tal condição, **excetuados os casos de crimes praticados por elas mediante violência ou grave ameaça, contra seus descendentes ou, ainda, em situações**

excepcionalíssimas, as quais deverão ser devidamente fundamentadas pelos juízes que denegarem o benefício. Estendeu a ordem, de ofício, às demais mulheres presas, gestantes, puérperas ou mães de crianças e de pessoas com deficiência, bem assim às adolescentes sujeitas a medidas socioeducativas em idêntica situação no território nacional, observadas as restrições previstas acima. Quando a detida for tecnicamente reincidente, o juiz deverá proceder em atenção às circunstâncias do caso concreto, mas sempre tendo por norte os princípios e as regras acima enunciadas, observando, ademais, a diretriz de excepcionalidade da prisão. **Se o juiz entender que a prisão domiciliar se mostra inviável ou inadequada em determinadas situações, poderá substituí-la por medidas alternativas arroladas no já mencionado art. 319 do CPP.** Para apurar a situação de guardiã dos filhos da mulher presa, dever-se-á dar credibilidade à palavra da mãe. (Brasil, 2018d, grifo nosso)

A necessidade de uma decisão de tal porte retrata, de forma generalizada em todo território nacional, a manutenção de pessoas encarceradas irregularmente.

Ademais, o encarceramento feminino aumentou em quase 700% entre os anos 2000 e 2016, contando o Brasil, até 2016, com 42 mil presas (Brasil, 2018a). A baixa escolaridade é marca da população carcerária no país, e com as mulheres não é diferente. Assim, a atividade criminosa mais comumente praticada por mulheres, o tráfico de drogas, é o substituto encontrado como meio de obter o sustento familiar.

A Fiocruz, ao realizar pesquisa acerca do perfil das presidiárias brasileiras, constatou um padrão representado pelas internas, qual seja, a afrodescendência, a submissão a formas de violência (sexual, física ou psicológica), a desestrutura familiar, o baixo nível de escolaridade e a prisão pelo crime de tráfico de drogas (Isaac; Campos, 2019).

A pesquisa indica, ainda, a utilização dessas mulheres, antes de sua prisão, como iscas, no intuito de despistar a polícia para o cometimento de crimes maiores. Assim, via de regra, essas mulheres agem como "mulas", sendo estrategicamente apreendidas com pequenas quantidades de drogas, enquanto comercializações maiores são feitas longe dos olhos dos investigadores: "conforme apontado pelo Instituto Terra, Trabalho e Cidadania (ITTC), a divisão de gênero não se limita ao mercado formal de trabalho, mas também se mostra presente na organização do tráfico, a qual é marcada pela vulnerabilidade do feminino." (Isaac; Campos, 2019).

Em uma cultura patriarcal, como a em que estamos inseridos, a retirada da mãe do convívio e do cuidado do lar e dos filhos pode ser mais prejudicial do que mantê-la em liberdade, especialmente em se tratando de crimes em que não há violência. O médico Dráuzio Varella escreveu exatamente sobre esse fenômeno no livro *Prisioneiras*, elaborado após a realização de entrevistas com mulheres encarceradas em instituições nacionais:

A separação dos filhos é um martírio à parte. Privado da liberdade, resta ao homem o consolo de que a mãe de seus filhos cuidará deles. Poderão lhes faltar recursos materiais, mas não serão abandonados. A mulher, ao contrário, sabe que é insubstituível e que a perda do convívio com as crianças, ainda que temporária, será irreparável, porque se ressentirão da ausência de cuidados maternos, serão maltratadas por familiares e estranhos, poderão enveredar pelo caminho das drogas e do crime, e ela não os verá crescer, a dor mais pungente.

Mães de muitos filhos, como é o caso da maioria, são forçadas a aceitar vê-los espalhados por casas de parentes ou vizinhos e, na falta de ambos, em instituições públicas sob responsabilidade do Conselho Tutelar, condições que podem passar anos sem vê-los ou até perdê-los para sempre.

Nem sei quantas mulheres atendi em estado de choque pela perda de um filho adolescente, morto em troca de tiros com a polícia ou assassinado por desentendimentos na rotina do crime. (Varella, 2017, p. 45)

É mais custoso para o Estado e para a sociedade manter uma mãe encarcerada do que aplicar medidas cautelares alternativas, quando cabíveis. O art. 318 do CPP ainda prevê que a substituição de prisão preventiva por domiciliar para mães ou responsáveis por criança ou pessoa com deficiência poderá ocorrer desde que o crime praticado não tenha sido cometido com violência ou grave ameaça, nem tenha sido perpetrado contra filho ou dependente.

Art. 318-A. A prisão preventiva imposta à mulher gestante ou que for mãe ou responsável por crianças ou pessoas com deficiência será substituída por prisão domiciliar, desde que:

I – não tenha cometido crime com violência ou grave ameaça a pessoa;

II – não tenha cometido o crime contra seu filho ou dependente.

Art. 318-B. A substituição de que tratam os arts. 318 e 318-A poderá ser efetuada sem prejuízo da aplicação concomitante das medidas alternativas previstas no art. 319 deste Código.

(Brasil, 1941)

Todas as medidas aqui citadas visam evitar a aplicação da prisão preventiva e a detenção do imputado antes de sentença penal condenatória transitada em julgado, respeitando-se os princípios da presunção de inocência, da ampla defesa e do devido processo legal.

Capítulo 4

Liberdade provisória

O pedido de liberdade provisória é a ferramenta de que dispõe o defensor para combater prisão em flagrante legalmente imposta, antes do convertimento desta em prisão preventiva, ou após; neste último caso, porém, com a existência anterior de flagrante, deve ser requerida por meio da interposição de *habeas corpus*. Vale ressaltar que caberá requerimento de revogação, mediante interposição de *habeas corpus*, à prisão preventiva decretada sem a existência de prisão em flagrante anterior.

O art. 310, inciso III, do Código de Processo Penal (CPP) define que, após receber os autos de prisão em flagrante, o juiz deverá, depois de audiência de custódia em prazo razoável (uma vez que o prazo de 24 horas estipulado na lei foi descaracterizado por decisão do STF), entre outros. Conforme a lei, "conceder liberdade provisória, com ou sem fiança" (Brasil, 1941).

Para evitar cautelarmente o recolhimento do acusado à prisão, inúmeras são as possibilidades do juiz: (a) liberdade condicionada ao pagamento de fiança, cumulada ou não com medida cautelar diversa, a ser estabelecida dentro dos parâmetros legais; (b) liberdade sem fiança, cumulada com medida cautelar diversa (caso o acusado não possa arcar com o pagamento de fiança); (c) liberdade sem fiança e com obrigatoriedade de comparecer a todos os atos do processo, para casos envolvendo excludente de ilicitude.

Em suma, ausentes os requisitos da prisão preventiva, deve ser concedida a liberdade provisória ao acusado como medida contracautelar. Então, ao receber os autos de prisão em flagrante, está entre as capacidades do juiz conceder a liberdade provisória ao acusado, com ou sem fiança (art. 310, inciso III, CPP). Cabe ressaltar que a imposição de fiança não é cabível:

- a crimes em que não haja imposição de pena privativa de liberdade;
- quando cabível transação penal;
- nos crimes culposos, salvo se cabível pena privativa de liberdade em razão das condições pessoais do agente;
- crimes em que há vedação explícita à fiança – art. 323 e 324 do CPP.

— 4.1 —
Crimes inafiançáveis

A Constituição elenca os crimes inafiançáveis em seu artigo 5º, incisos XLII, XLIII e XLIV:

> Art. 5º.
>
> [...]
>
> XLII – a prática do racismo constitui crime inafiançável e imprescritível, sujeito à pena de reclusão, nos termos da lei;
>
> XLIII – a lei considerará crimes inafiançáveis e insuscetíveis de graça ou anistia a prática da tortura, o tráfico ilícito de entorpecentes e drogas afins, o terrorismo e os definidos como crimes hediondos, por eles respondendo os mandantes, os executores e os que, podendo evitá-los, se omitirem;

XLIV - constitui crime inafiançável e imprescritível a ação de grupos armados, civis ou militares, contra a ordem constitucional e o Estado Democrático; (Brasil, 1988)

Então, cometendo algum dos delitos anteriormente descritos e sendo preso provisoriamente, em flagrante ou preventivamente, ficará impossibilitado o sujeito de requerer ou ser beneficiado com a liberdade provisória?

Não, uma vez que a própria Constituição prevê a possibilidade de liberdade provisória sem o pagamento de fiança. Conforme aduzem Pacelli e Costa (2013), após a experiência de um estado de presunção de culpa em oposição ao de inocência, nossa legislação penal deu início a uma caminhada de flexibilização dessa condição, inclusive com a introdução da liberdade provisória sem fiança no ordenamento, sob determinadas condições, podendo ocorrer a revogação do benefício se estas forem descumpridas. Tal previsão inclui os crimes considerados inafiançáveis.

O juiz, então, poderá decretar a liberdade provisória do sujeito, sem o pagamento de fiança, cumulada com medida cautelar diversa (art. 319, CPP), a depender da gravidade do delito cometido. Para Lopes Junior (2013, p. 908), "quando se veda a fiança não se proíbe, necessariamente, a concessão de liberdade provisória. Esse é o ponto nefrálgico da coisa".

Somente deve permanecer preso o sujeito se presentes os requisitos da prisão preventiva e sendo essa a única medida plausível para o caso em questão, observando-se o princípio da *ultima ratio*. A análise da jurisprudência trazida a seguir é elucidativa acerca do raciocínio discutido:

HABEAS CORPUS. TRÁFICO DE DROGAS. PRISÃO PREVENTIVA. DESNECESSIDADE. MEDIDAS CAUTELARES ALTERNATIVAS. SUFICIÊNCIA. FIANÇA. DESCABIMENTO. CONFIRMAÇÃO DA LIMINAR ANTERIORMENTE DEFERIDA. ORDEM CONCEDIDA. 1. No caso em tela, o Juízo a quo reconheceu a **desnecessidade da custódia cautelar, substituindo-a por medidas cautelares elencadas no art. 319 do CPP, fixando o pagamento de fiança** no valor de 10 (dez) salários mínimos **em um crime que não admite a concessão da mesma,** estando o paciente preso em razão de sua precária condição econômica de não ter como arcar com o pagamento do montante arbitrado. 2. Inicialmente, cabe destacar que o delito em apreço é considerado inafiançável, conforme determina a Constituição Federal, em seu art. 5º, XLIII, CF – a lei considerará crimes inafiançáveis e insuscetíveis de graça ou anistia a prática da tortura, o tráfico ilícito de entorpecentes e drogas afins, o terrorismo e os definidos como crimes hediondos, por eles respondendo os mandantes, os executores e os que, podendo evitá-los, se omitirem. 3. Dessarte, tratando-se o crime em comento – **tráfico de drogas – de crime inafiançável, não se mostra possível a aplicação da medida cautelar alternativa de fiança,** prevista, no art. 319, VIII, do Código de Processo Penal, exclusivamente para os crimes que a admitem, não preenchendo o tráfico de drogas o requisito objetivo, conforme preceitua o art. 323 do CPP. 4. **Da mesma forma, não se mostra razoável manter o réu preso em razão do não recolhimento do**

valor da fiança, especialmente porque a mesma é vedada no delito em apreço, e o paciente, pobre nos termos da lei, não possui condições financeiras de arcar com o valor de 10 salários mínimos, montante fixado pelo juízo a quo. 5. O Superior Tribunal de Justiça (STJ) já se posicionou no sentido de não ser possível a manutenção da custódia cautelar tão somente em razão do não pagamento do valor arbitrado a título de fiança, máxime quando se tratar de réu pobre, ex vi do art. 350 do CPP. 6. **Desse modo, é de rigor a concessão da liberdade provisória ao acusado, especialmente considerando que o próprio juízo a quo reconheceu não estarem presentes os requisitos que autorizam a segregação cautelar, previstos no art. 312 do CPP, estando o réu preso única e exclusivamente em razão do não pagamento de fiança em um crime que, frise--se, é inafiançável.** [...] 8. Habeas Corpus conhecido, ratificando-se a medida liminar anteriormente deferida, concedida a ordem. ACÓRDÃO: Vistos, relatados e discutidos estes autos, acorda a 3ª Câmara Criminal do Tribunal de Justiça do Estado do Ceará, em conhecer do writ e, ratificando a liminar anteriormente deferida, conceder a ordem, nos termos do voto do Relator. (Ceará, 2020, grifo nosso)

No caso apresentado, há duas situações a serem analisadas. A primeira diz respeito ao fato de o juiz ter imposto fiança no valor de dez salários mínimos, a qual o réu não teve condições financeiras para pagar, razão por que foi mantido preso cautelarmente. Aqui já reside um primeiro equívoco. Como veremos no próximo tópico, o juiz poderá diminuir o valor da fiança ou dispensá-la com base nas condições socioeconômicas do réu (art. 350, CPP). A decisão ainda traz o entendimento do Superior Tribunal de Justiça (STJ) sobre a impossibilidade de se manter a prisão preventiva, quando não presentes seus requisitos, somente pela impossibilidade do pagamento do valor da fiança, especialmente em se tratando de réu pobre.

Há, porém, uma segunda questão analisada no acórdão, qual seja, a imposição equivocada de fiança, medida cautelar alternativa à prisão, em crime considerado inafiançável (tráfico de drogas). Assim sendo, determinou-se, corretamente, a concessão da liberdade provisória ao acusado.

Assim, se o crime não comporta fiança, porém não estão presentes os requisitos para decretação da prisão cautelar, deve ser concedida a liberdade provisória ao agente, sem fiança. Passaremos à análise dos critérios e desdobramentos da imposição da medida cautelar de fiança.

— 4.2 —

Fiança

A fiança, como garantia prestada ao Estado, tem sua origem no direito romano, e, no Brasil, nas Ordenações Afonsinas. Nestas, utilizava-se a Carta de Seguro, da homenagem e palavra de carcereiros para garantir a liberdade do acusado. Também era condição para concessão do benefício o compromisso de se comparecer ao julgamento. A fiança era prevista, mas deveria ser prestada por fiador, como caução real (Neves; Souza Filho; Zanellati, 2011).

A fiança é medida que se impõe de duas formas distintas. A primeira delas é como substituta à prisão preventiva e como condição da liberdade provisória do acusado. Com sua aplicação, objetiva-se, além da cobertura de eventuais custos da justiça criminal e reparação do dano causado, inibir a fuga do sujeito que responde pelo suposto cometimento de crime, assegurando-se a aplicação da lei penal, caso seja ele condenado.

Além da fiança aplicada no momento da conversão do flagrante em prisão preventiva, como condição para a liberdade provisória, há a previsão de fiança como medida cautelar diversa, no art. 319, inciso VIII, do CPP. Aqui, pode-se aplicar a fiança em qualquer momento do processo, inclusive após sentença condenatória, visando ao comparecimento do réu em todos os atos do processo e a evitação de obstrução processual.

Ambas as possibilidades de aplicação retratam a natureza híbrida da fiança, como aduzido por Badaró (2015, p. 1.044), já que "pode ser uma medida alternativa à prisão, que poderá ser decretada autônoma e independentemente da prisão em flagrante (CPP, art. 319, *caput* e VIII), mas também uma contracautela à prisão em flagrante (CPP, art. 310, *caput* e III)."

Não se trata a fiança de ato de "compra de liberdade", mas de imposição de condição, no caso, uma garantia financeira, de que o sujeito comparecerá a todos os atos processuais a que for chamado. Assim, há critérios para seu estabelecimento, entre eles a necessidade de indícios suficientes que revelem medo de evasão por parte do sujeito, impossibilitando a aplicação da lei penal.

Levando-se em conta, primeiramente, a situação socioeconômica do acusado, e aplicando-se o princípio da proporcionalidade entre o valor de fiança estabelecido e a gravidade do crime cometido, estipula-se o valor a ser pago a título de fiança com base no art. 325 do CPP:

> Art. 325. O valor da fiança será fixado pela autoridade que a conceder nos seguintes limites:
>
> I – de 1 (um) a 100 (cem) salários mínimos, quando se tratar de infração cuja pena privativa de liberdade, no grau máximo, não for superior a 4 (quatro) anos;
>
> II – de 10 (dez) a 200 (duzentos) salários mínimos, quando o máximo da pena privativa de liberdade cominada for superior a 4 (quatro) anos.
>
> § 1º Se assim recomendar a situação econômica do preso, a fiança poderá ser:
>
> I – dispensada, na forma do art. 350 deste Código;
>
> II – reduzida até o máximo de 2/3 (dois terços); ou
>
> III – aumentada em até 1.000 (mil) vezes. (Brasil, 1941)

Ou seja, o valor é arbitrado com base na gravidade do delito cometido, e poderá haver aumento ou diminuição da fiança, de acordo com as condições econômicas do sujeito. O art. 326 elenca, ainda, situações a serem consideradas quando da fixação do valor imposto:

> Art. 326. Para determinar o valor da fiança, a autoridade terá em consideração a natureza da infração, as condições pessoais de fortuna e vida pregressa do acusado, as circunstâncias indicativas de sua periculosidade, bem como a importância provável das custas do processo, até final julgamento. (Brasil, 1941)

Além das condições pessoais do agente (financeiras e de vida pregressa), outro ponto levado em consideração para estipulação do valor é o montante a título de custas que originará o processo. Pessoas que não têm condição econômica para arcar com despesas de fiança poderão ser dispensadas do seu pagamento, conforme disposto no art. 350 do CPP:

> Art. 350. Nos casos em que couber fiança, o juiz, verificando a situação econômica do preso, poderá conceder-lhe liberdade provisória, sujeitando-o às obrigações constantes dos arts. 327 e 328 deste Código e a outras medidas cautelares, se for o caso. (Brasil, 1941)

Conforme dispõe a lei, a dispensa do pagamento de fiança poderá vir acompanhada da imposição de medida cautelar diversa, quando cabível.

A fiança poderá ser concedida pela autoridade policial em casos de pena máxima inferior a quatro anos, sendo arbitrada por juiz nos demais casos. Não sendo estabelecida fiança em prazo razoável, tanto pela autoridade policial quanto pelo juiz, o imputado poderá solicitá-la.

Art. 322. A autoridade policial somente poderá conceder fiança nos casos de infração cuja pena privativa de liberdade máxima não seja superior a 4 (quatro) anos.

Parágrafo único. Nos demais casos, a fiança será requerida ao juiz, que decidirá em 48 (quarenta e oito) horas.

[...]

Art. 335. Recusando ou retardando a autoridade policial a concessão da fiança, o preso, ou alguém por ele, poderá prestá-la, mediante simples petição, perante o juiz competente, que decidirá em 48 (quarenta e oito) horas. (Brasil, 1941)

A fiança pode ser paga em dinheiro, pedras, objetos ou metais preciosos. Poderá ser exigido reforço, ou seja, acréscimo de valor a ser depositado, quando em caso de valor insuficiente, por erro no seu estabelecimento ou desvalorização do objeto ou bem caucionado, ou em caso de reclassificação do delito para mais gravoso.

Há a possibilidade de **cassação** da fiança quando esta, em sendo incabível, for erroneamente aplicada. Nesses casos, os valores serão integralmente devolvidos ao acusado, havendo a possibilidade de aplicação de medida cautelar diversa.

Já o **quebramento da fiança** configura-se quando o acusado incorre em atos que comprometam a medida cautelar diversa, por exemplo: deixar de comparecer, sem motivo justo, a ato do processo; obstruir atos processuais; descumprir medida cautelar imposta além da fiança; ou praticar novo crime doloso, nos termos do art. 341:

Art. 341. Julgar-se-á quebrada a fiança quando o acusado:

I – regularmente intimado para ato do processo, deixar de comparecer, sem motivo justo;

II – deliberadamente praticar ato de obstrução ao andamento do processo;

III – descumprir medida cautelar imposta cumulativamente com a fiança;

IV – resistir injustificadamente a ordem judicial;

V – praticar nova infração penal dolosa. (Brasil, 1941)

Nos casos elencados pelo artigo, há a perda de metade do valor pago, com a possibilidade de imposição de medida cautelar diversa, e até mesmo de prisão preventiva, conforme disposto no art. 343:

> Art. 343. O quebramento injustificado da fiança importará na perda de metade do seu valor, cabendo ao juiz decidir sobre a imposição de outras medidas cautelares ou, se for o caso, a decretação da prisão preventiva. (Brasil, 1941)

Por fim, quando o acusado não se apresenta para cumprimento da pena, há perda do valor integral pago a título de fiança, de acordo com o art. 344: "Entender-se-á perdido, na totalidade, o valor da fiança, se, condenado, o acusado não se apresentar para o início do cumprimento da pena definitivamente imposta" (Brasil, 1941).

Para maior clareza acerca do instituto da fiança como condição da liberdade provisória e seu quebramento, escolhemos trazer decisões que nos pareceram bastante pedagógicas. Na primeira decisão, emanada pelo STJ, declara-se a quebra da fiança pelo acusado, concedida após serem juntadas aos autos provas que indicavam a prática de novo delito. A discussão ainda se deu sobre a necessidade de sentença condenatória acerca do novo delito praticado para declaração do quebramento, entendimento que é afastado, restando suficientes os indícios de autoria e materialidade.

Um dos motivos ensejadores do quebramento da fiança é quando o acusado pratica outra infração penal durante a vigência da fiança. A juntada aos autos de elementos razoáveis que indiquem a prática do delito é suficiente para sua concessão, não restando necessário sentença condenatória transitada em julgado. Esse é o entendimento dos nossos tribunais, in verbis: "TACRSP: "Fiança. Quebramento. Prática de nova infração. Desnecessidade de ser apurada através de sentença definitiva. **Para considerar como evidenciada a infração causadora do quebramento de fiança a lei não reclama sentença condenatória definitiva. Basta a existência do fumus boni iuris**" (RT 677/365). Além do mais as razões amoldam-se à figura típica elencada no parágrafo único do art. 312 do CPP, tendo em vista que **o denunciado não cumprira a determinação de não cometer novo delito**. [...] Ademais, quanto à alegação de que o paciente possuiria condições subjetivas favoráveis, cumpre consignar que não tem o condão de, por si só, garantir-lhe a liberdade provisória, quando há, nos autos, elementos hábeis a recomendar a manutenção de sua custódia cautelar. (Fl. 195/196; grifos acrescidos) (STJ – HC: 384133 AL 2016/0337535-6, Relator: Ministra LAURITA VAZ, Data de Publicação: DJ 01/02/2017)

Ou seja, havendo juntada de provas nos autos que indiquem que o acusado, em liberdade provisória mediante fiança, cometeu novo delito, será considerada a fiança quebrada.

Na segunda decisão trazida a seguir, emanada pelo Tribunal Regional Federal da 4ª Região, exprime-se o entendimento de que o aviso prévio feito pelo réu acerca de mudança de endereço – uma vez que um dos compromissos abraçados pelo réu para concessão de liberdade provisória era a concessão de endereço fixo onde pudesse ser encontrado – afasta a hipótese de quebramento da fiança.

> PENAL. PROCESSO PENAL. FIANÇA. QUEBRAMENTO. MUDANÇA DE ENDEREÇO. COMUNICAÇÃO PRÉVIA. Demonstrado nos autos que o réu comunicou previamente o juízo de sua mudança de endereço, conforme condições estabelecidas em termo de compromisso para a liberdade provisória, não há que se falar em quebramento da fiança. (TRF-4, 2017)

Em resumo, a concessão da liberdade provisória poderá ocorrer com ou sem o arbitramento de fiança. Porém, além do referido instituto, são armas contra a prisão processual à disposição da defesa os pedidos de relaxamento e revogação de prisão cautelar, os quais passamos a analisar.

— 4.3 —
Relaxamento e revogação da prisão cautelar

Quando diante do conceito de *relaxamento* no âmbito da prisão, uma palavra deve imediatamente nos vir à cabeça: *ilegalidade*. Caberá o relaxamento sempre que a prisão preventiva ou flagrante for ilegal, conforme disposição constitucional, no art. 5º, inciso LXV: "a prisão ilegal será imediatamente relaxada pela autoridade judiciária" (Brasil, 1988).

A prisão cautelar será ilegal quando não forem observados os requisitos normativos exaustivamente analisados até aqui (art. 312 do CPP). O art. 647 do CPP aduz que o juiz poderá conceder de ofício o *habeas corpus* cujo fundamento seja a coação ilegal: "Dar-se-á **habeas corpus** sempre que alguém sofrer ou se achar na iminência de sofrer violência ou coação ilegal na sua liberdade de ir e vir, salvo nos casos de punição disciplinar" (Brasil, 1941, grifo do original).

O art. 648 do CPP inclusive traz exemplos de coações consideradas ilegais, figurando entre elas as seguintes:

a. Quando não houver justa causa (leia-se indícios suficientes de autoria e materialidade do crime) para a detenção do sujeito.
b. Quando o sujeito estiver preso por mais tempo do que determina a lei.
c. Quando tiver cessado o motivo que autorizou a coação.
d. Quando não for disponibilizado o pagamento de fiança, nos casos que a lei autorizar.
e. Quando houver excesso de prazo da prisão processual, que enseja o constrangimento ilegal, e consequente ilegalidade da coação.

Então, sempre que alguma ilegalidade estiver presente, a prisão deverá ser relaxada. Uma prisão decorrente de flagrante forjado, a prisão automática para apelar ou em decorrência de decisão de pronúncia, pura e simplesmente, são exemplos clássicos de ilegalidades que requerem o relaxamento. Diferentemente ocorre quando se tem uma prisão ou medida cautelar legalmente imposta, mas que deixou de ter seus requisitos atendidos. Nesses casos, ocorrerá a revogação da medida.

Dessa forma, desaparecendo o motivo que impõe aplicação de medida cautelar, esta deve ser revogada. Então, não sendo **imprescindível para a investigação a segregação do acusado, e este não obstruindo o regular andamento do processo, não estão presentes os requisitos da prisão temporária**, por exemplo. Da mesma forma, quando cessada a fase investigativa, cessa a situação que enseja a prisão temporária, devendo esta ser revogada.

Igualmente, não sendo mais a liberdade do agente um perigo, expressado geralmente pelo risco de fuga, clamor social ou perigo para coleta de provas, deverá ocorrer a revogação da prisão preventiva, pois houve "o desaparecimento do suporte fático, da situação acautelatória que suporta a prisão preventiva (periculum libertatis)" (Lopes Junior, 2013, p. 109).

Cabe relembrar que medidas cautelares têm caráter de excepcionalidade, são situacionais, e, portanto, provisórias. Somente devem existir e permanecer enquanto a situação que as enseja existir e permanecer, conforme princípio da provisionalidade, abarcado pelos princípios norteadores do processo penal, os quais passaremos a analisar.

Capítulo 5

Princípios norteadores do processo penal

Passaremos agora à análise dos princípios norteadores do processo penal brasileiro, mais especificamente daqueles aplicados às medidas cautelares.

— 5.1 —
Presunção de inocência

O princípio balizador do processo penal é o da presunção de inocência, constitucionalmente garantido por meio do art. 5º, inciso LVII: "ninguém será considerado culpado até o trânsito em julgado de sentença penal condenatória" (Brasil, 1988).

Devemos sempre lembrar que tanto o direito penal quanto o processo têm em sua origem, como objeto, a imposição de limites ao poder estatal no que concerne ao poder de punir. O processo penal, mais especificamente, impõe às partes "as regras do jogo", as quais devem ser seguidas por todos os envolvidos, sendo previsível o caminho a ser trilhado pela ação criminal.

É importante salientar que, para a escola materialista histórica, o direito era compreendido como forma de domínio, de imposição de condutas, com o favorecimento daqueles pertencentes aos grupos dominantes. O Estado, criado pela burguesia e por ela transformado, era fator de força na política interna e externa. Analisando o marxismo clássico no domínio do direito, Hespanha (2012, p. 490) afirma que "o direito burguês funcionaria também como ideologia de cobertura. Ou seja, criaria uma imagem falseada das relações de poder, ocultando sob a capa da igualdade jurídica – garantida, nomeadamente, pela generalidade e abstração da lei, as reais desigualdades sociais".

Pachukanis (1988) analisa as regras processuais e suas garantias, comparando-as ao processo de elevação do empregado a sujeito de direito com autonomia da vontade para contratar com o capitalista. Alega existirem as garantias justamente para que o delinquente seja, falaciosamente, considerado igual na relação com o Estado, podendo ser processado e julgado de forma "justa", pois, "as relações entre o Estado e o delinquente encontram-se inteiramente inseridas no quadro de um leal negócio comercial. É justamente nisso que consistem as garantias do processo penal" (Pachukanis, citado por Kalache; Souza, 2019, p. 68).

Independentemente da concordância ou não com a crítica materialista histórica acerca das regras processuais penais, não é difícil entender que estas devem ser claras e estritamente respeitadas para a imposição de restrições à liberdade dos cidadãos, justamente para que se viva em uma sociedade livre. Como assinala Feldens (2012, p. 54), "devemos aqui reforçar uma premissa não raramente esquecida: a configuração de um direito de liberdade mediante a imposição de limites ao seu exercício é condição necessária a sua integração em um ambiente de coexistência de liberdades".

Tem-se, assim, uma posição garantista frente ao direto penal e processual penal, ou seja, de garantia ao respeito aos direitos fundamentais de todos os cidadãos. Aliás, adotar o garantismo significa posicionar-se contrariamente a intervenções estatais no âmbito jurídico, quando estas se mostrarem inadequadas, desnecessárias ou desproporcionais, isto é, ilegítimas (Feldens, 2012). Ademais, significa "decidir pela solução mais favorável ao acusado, sempre que a carga de provas não indicar em sentido contrário, revertendo, com segurança a **garantia da presunção de inocência que acompanha este acusado**" (Feldens, 2012, p. 53, grifo nosso).

A observância de princípios constitucionalmente definidos pode ser a principal arma contra abusos e injustiças. Uma lei que não contempla tais princípios, mesmo que promulgada sob os trâmites legais, pode ser utilizada como meio de perseguição a determinada classe de pessoas, sob a fantasia da legitimidade. Nesse sentido, o positivismo com base em leis nazistas no pós-guerra é questionado por Radbruch (citado por Feldens, 2012, p. 123): "Pode haver lei com um tal grau de injustiça e nocividade que toda a validade e até o caráter de jurídicas não poderão jamais deixar de ser-lhes negadas".

Por essa razão, o princípio da presunção de inocência deve ser observado sempre. Deve ser considerado especialmente quando se trata de regras envolvendo a prisão cautelar, uma vez que ainda não se passou por todas as etapas processuais existentes (garantidas pelo princípio da ampla defesa), com a consequente análise das provas, averiguação de culpa e, por fim, uma sentença condenatória da qual não cabem mais recursos. No entanto, para que esta seja respeitada, quando da aplicação de detenções provisórias ou medidas cautelares diversas, outros princípios, ou subprincípios, devem ser observados, quais sejam:

- jurisdicionalidade;
- motivação;
- contraditório;
- provisionalidade;
- provisoriedade;
- excepcionalidade; e
- proporcionalidade.

— 5.2 —
Jurisdicionalidade e motivação

O art. 5º, inciso LIV, da Constituição Federal (CF) prevê que ninguém será privado de sua liberdade sem o devido processo legal. Em complementação, o art. 315 do Código de Processo Penal (CPP) prevê que a decretação de prisão preventiva deverá ser motivada. Além disso, o art. 5º, inciso LXI, da CF deixa claro que, excluídas as situações de flagrante delito, apenas juiz, fundamentadamente, poderá decretar a prisão de alguém:

> Art. 5º
>
> [...]
>
> LXI – ninguém será preso senão em flagrante delito ou por ordem escrita e fundamentada de autoridade judiciária competente, salvo nos casos de transgressão militar ou crime propriamente militar, definidos em lei; (Brasil, 1988)

A jurisdição é configurada pela solução de conflitos, mediante a aplicação do direito por meio da atuação estatal, que se utiliza do processo penal nos casos envolvendo a ocorrência de crimes. Assim, apenas decisão judicial fundamentada tem o condão de privar alguém de sua liberdade.

A exigência de decisão judicial para que se prive a liberdade de alguém está diretamente ligada ao devido processo legal, para imposição de limites ao poder de perseguir e punir criminalmente. O exercício desse poder é monopólio estatal, por intermédio de juízes togados, imparciais e desvinculados, teoricamente, do poder político, mediante divisão de poderes e autonomia profissional (garantida aos servidores públicos aprovados em concursos).

Além disso, a decisão proferida por juiz competente deverá ser motivada, isto é, o magistrado deve apontar e explicar as razões e as bases que serviram para formar sua convicção. Apenas dessa forma é que, por meio de um processo dialético, a outra parte poderá apontar falhas, inobservâncias e ilegalidades, atacando a decisão proferida. Trata-se de exercício de pura contra-argumentação, mas, para isso, deve haver argumentos a serem contrapostos, o que só ocorre quando há motivação nas decisões judiciais.

Em suma, a decisão judicial, tal como as pesquisas científicas, precisa estar apta a verificação e refutabilidade, a exemplo da teoria da falseabilidade de Popper[1]. Este defendia ser necessária a possibilidade de percorrer os caminhos trilhados por uma pesquisa, o seu passo a passo, quantas vezes fosse preciso, a fim de se tentar refutá-la. Para tanto, o método da pesquisa deveria ser estritamente definido e delimitado, exposto, explicado, para que outra pessoa pudesse reconstruir a hipótese e testá-la.

Quanto aos requisitos da verificabilidade e refutabilidade das hipóteses acusatórias que deverão ser analisados no momento da decisão judicial, Karl Popper já fazia referência a eles como elementos da ciência. Ainda que Popper se utilizasse do critério de demarcação inerente à lógica indutiva como o da falseabilidade e não a verificabilidade (Popper, 2008), a refutabilidade é requisito contido em todo método, uma vez que as hipóteses são colocadas a prova através das refutações. "O trabalho do cientista consiste em elaborar teorias e pô-las à prova" (Popper, 2002, p. 31). A verificabilidade e refutabilidade empregadas no processo penal caracterizam o modelo normativo que eleva aquele a processo de cognição ou de comprovação, no qual a decisão acerca da conduta prevista na lei penal tem caráter de procedimento probatório de tipo indutivo,

---

1 Karl Raimund Popper, austríaco radicado na Nova Zelândia com a ascensão do nazismo, foi doutor em Filosofia pela Universidade de Viena, dedicando-se ao ensino acadêmico de metodologia científica na London School of The Economics. Figura dentre suas teorias a tese do racionalismo crítico, cuja essência consistia em crítica ao método indutivo, defendendo a ideia de que uma teoria, para que seja considerada científica, deve ser passível de falseabilidade. Popper tinha como objetivo determinar o conceito de ciência empírica e traçar linha de demarcação entre ciência e ideias metafísicas; porém, diferentemente dos positivistas, não acreditava que leis naturais são desprovidas de sentido. Ele partia da ideia de que toda teoria científica é conjectural, não linear, iniciada em determinado momento histórico ou situação, e que, portanto, não traz consigo verdade absoluta e inconteste.

excluindo as valorações e tendo como base as afirmações ou negações, sejam de fato ou de direito, que possam ensejar em verdade ou falsidade processual. (Ferrajoli, 2002). Nesse ponto, podemos afirmar que a elaboração de pronunciamento judicial muito se assemelha à elaboração de teorias científicas. (Santana, 2018, p. 6-7).

Para Popper, de acordo com Santana (2018), deve ficar claro como se chegou a determinada conclusão (com base em quais fatos e informações? Por meio de quais práticas?). Somente assim é possível refutar o resultado final da pesquisa, por meio da verificabilidade ou falseabilidade do resultado, quando realizados os seus passos procedimentais novamente. Em suma: deve haver condições para se refutar o sistema, quando possível.

Como resultado prático das observações de Popper quanto à falibilidade de teorias científicas não passíveis de verificabilidade ou falseabilidade em razão de problemas de método, pode-se citar parte do estudo de Lombroso (2017), no fim do século XIX, acerca do homem delinquente.

Justamente a dificuldade de falseabilidade de teorias, em virtude de falhas metodológicas que impossibilitariam sua comprovação, fizeram com que teorias absolutamente equivocadas vigorassem durante determinados períodos. É o caso da teoria patológica da criminalidade defendida pelo médico psiquiatra Cesare Lombroso (2017).

As chamadas *teorias patológicas da criminalidade*, que se baseiam em características pessoais do sujeito, diferenciam o indivíduo "criminoso" do "normal" por meio de questões deterministas, ignorando o livre-arbítrio e a vontade do agente no cometimento de delitos. Ou seja, pessoas com determinadas características físicas e psicológicas seriam cometedoras de crimes, independentemente de qualquer outra circunstância. Trata-se do homem delinquente inato.

Para o enfrentamento da criminalidade, buscou-se, na escola clássica, com Lombroso, sinais que indicassem quais pessoas seriam criminosas, com base na observação de sujeitos encarcerados em prisões ou internados em manicômios judiciais (Baratta, 2011). Utilizando um método empírico indutivo, Lombroso analisou a população carcerária na Europa, chegando a conclusões sobre o homem criminoso:

> No que tangia à fisionomia do homem criminoso, afirmava que tais indivíduos apresentavam mandíbulas volumosas, assimetria facial, orelhas desiguais, falta de barba nos homens, pele, olhos e cabelos escuros. Sendo assim, relacionou a figura determinada à criminalidade com o seu peso, medidas do crânio, insensibilidade à dor, que poderia ser observada no fato da adoração dos delinquentes pela tatuagem, a falta de senso moral, o ódio em demasia, a vaidade excessiva, entre outras características. (Fernandes, 2018)

Ocorre que falhas metodológicas levaram à referida conclusão. Esse fato, aliado à dificuldade em se testar o modelo empírico elaborado (teste este que comprovaria a falseabilidade da teoria), fez com que perdurasse uma "verdade" absolutamente incorreta. Tal cenário contribuiu para a estigmatização e estereotipação de sujeitos com determinadas características, pelo simples fato de assim terem nascido ou assim se encontrarem devido a condições de vida a que estavam submetidos.

Lombroso tinha um problema de amostragem em sua pesquisa. Ele não levava em consideração diversos fatores que influenciavam o aspecto físico dos presos, como o fato de muitos serem de uma mesma região (Norte da Itália), com traços fisionômicos marcantes. Também ignorava a questão da má alimentação no cárcere, que fazia com que o pouco peso dos internos tornasse visível protuberâncias de ossos do rosto, ombros, colo. Nas prostitutas presas, por exemplo, a magreza ressaltava os ossos da clavícula, o que foi apontado pelo autor como uma característica de mulheres que gostariam de sexo. As tatuagens também eram erroneamente interpretadas como propensão a sentir menos dor, e utilizadas para identificar delinquentes (Alves, 2014).

Tendo em vista que essas características estavam presentes na maioria da população carcerária da época, e que esta era a amostra exclusiva utilizada na pesquisa lombrosiana, fica evidente a dificuldade de se proceder à falseabilidade da teoria. Não são fornecidos pela pesquisa elementos para tal – como, por exemplo, uma amostra que abrangesse homens delinquentes de diferentes regiões do país antes de seu ingresso no cárcere, demonstrando características compatíveis com as descobertas na pesquisa (Alves, 2014).

Fica muito clara a metodologia indutiva aplicada pelo autor, que, para a obtenção da verdade, parte de eventos particulares – no caso, a população carcerária e suas características físicas, por meio de um conhecimento universal encontrado depois de a experiência demonstrar repetidamente que a proposição analisada tem ocorrência no mundo empírico.

Por exemplo, o autor afirma que as mulheres que gostam de sexo possuem ossos da clavícula protuberantes, com afundo de pele na região; isso ocorria porque as meretrizes presas à época, ante a baixa nutrição, eram magras e possuíam os referidos ossos protuberantes (Lombroso; Ferrero, 2017). Lombroso escolheu sua "amostragem" apenas dentre as mulheres presas, tendo repetidamente os mesmos resultados empíricos. Isso não significa que mulheres bem alimentadas, cujos ossos da clavícula não sejam protuberantes, não gostem de sexo, mas apenas que as prostitutas presas à época, pela má alimentação no cárcere e sua magreza, tinhas os ossos à mostra.

Entendida a teoria da falseabilidade proposta por Popper, podemos partir para a análise da sua aplicação no processo penal. Para Ferrajoli (2002), lógica semelhante ocorre no processo penal: a decisão é o resultado da pesquisa indutiva feita pelo juiz, nos autos, com a análise de afirmações e negações das partes. Assim, é necessário percorrer o raciocínio elaborado pelo juiz para chegar a sua "teoria científica" – a ecisão. Somente com o juiz explicando passo a passo o método para a obtenção da sua teoria é que se torna possível atacar as hipóteses aventadas com a intenção de falseá-las. Trata-se de método (motivação da decisão) e teoria científica (decisão judicial).

Além disso, o princípio da jurisdicionalidade lastreia a decisão penal na verificabilidade ou refutabilidade dos argumentos trazidos pela acusação. Assim sendo, uma decisão penal condenatória, por exemplo, precisa estar embasada na comprovação das teses acusatórias, que provam que o acusado cometeu de fato o crime. O juiz não pode condenar um acusado se as teses acusatórias não são comprovadas no processo.

A jurisprudência adota o posicionamento ora discutido em matéria processual penal. Vejamos como isso se dá na prática:

> Tráfico de entorpecentes. Insuficiência de provas. Absolvição. Não-comprovação da propriedade da droga. Processo penal garantista. **Princípio da estrita jurisdicionalidade.** Havendo dúvidas quanto ao fato de o apelado ser o proprietário da droga, além de não ter sido demonstrado que tenha praticado qualquer conduta tendente ao tráfico de substância entorpecente, a *absolvição por insuficiência de provas* é medida imperativa. **O processo penal garantista, em obediência ao princípio da estrita jurisdicionalidade exige duas condições para a decisão penal: a verificabilidade ou a refutabilidade das hipóteses acusatórias.** (Rondônia, 2007, grifo nosso)

Presente uma das condições para a decisão penal, o juiz deve fundamentá-la, se verificada ou refutada a hipótese acusatória, com argumentos jurídicos passíveis de serem contestados pelas partes, no todo ou parcialmente. No caso anteriormente discutido, não comprovado nos autos que o sujeito cometeu o crime, houve o juiz que absolvê-lo, refutando-se a tese da acusação.

Assim, também a decisão que defere ou não medida cautelar deve ser emanada de juiz togado, fundamentadamente, conforme a principiologia cautelar que abrange os conceitos de jurisdicionalidade e motivação, de acordo com o art. 283 do CPP:

> Art. 283. Ninguém poderá ser preso senão em flagrante delito ou por ordem escrita e fundamentada da autoridade judiciária competente, em decorrência de prisão cautelar ou em virtude de condenação criminal transitada em julgado. (Brasil, 1941)

Todavia, vimos que a autoridade policial poderá decretar prisão provisória, e isso ocorre pelo fato de que tal medida é precária, entendida inclusive como pré-cautelar, devendo ocorrer, logo após sua decretação, o encaminhamento a juiz para ordem fundamentada de prisão (conversão do flagrante em prisão preventiva) ou concessão de liberdade provisória, a fim de que a prisão se legitime cautelarmente.

— 5.3 —
Contraditório

O contraditório é exercício essencial para a realização da ampla defesa do cidadão envolvido em qualquer persecução criminal. Sua realização aproxima a atividade jurisdicional do devido processo legal.

É com base nesse princípio que se faz imperiosa a atuação da acusação e da defesa em condições de paridade de armas, por meio da observância de uma terceira parte imparcial, o juiz, com respeito às regras do jogo e à defesa de garantias fundamentais do acusado, constitucionalmente previstas.

Trata-se de momento (ou momentos) concedido às partes ao longo do processo, tanto à defesa quanto à acusação, para que forneçam versão própria sobre os fatos trazidos a conhecimento do juiz, contestando-os ou impugnando-os. Assim, "é forçoso reconhecer que, por tal princípio, reflete-se um dever ser que reclama (exige) a dialética de um processo de partes, ou seja, o diálogo entre a acusação e a defesa, perante um juiz imparcial" (Coutinho, 1998, p. 187). A chance de se manifestar deve ser oportunizada, mesmo que a manifestação seja no sentido de simples ciência, sob pena de nulidade.

Analisemos uma situação concreta de exercício de contraditório impossibilitado. No caso em questão, o juiz de primeiro grau, sem analisar a peça defensória apresentada tempestivamente, deferiu medidas protetivas a serem aplicadas contra o réu em caso de violência doméstica, a saber, "proibição de aproximação da ofendida e de seus familiares e das testemunhas, fixando o limite mínimo de distância de 500 (quinhentos) metros, bem como de fazer contato com a ofendida, seus familiares e testemunhas por qualquer meio de comunicação e frequentação de determinados lugares a fim de preservar a integridade física e psicológica da vítima" (Minas Gerais, 2015).

APELAÇÃO CRIMINAL – MEDIDAS PROTETIVAS – LEI MARIA DA PENHA – AMEAÇA – LESÕES LEVES – NULIDADE – OCORRÊNCIA – AUSÊNCIA DE CONTRADITÓRIO – DEFESA APRESENTADA E NÃO ANALISADA – ACOLHIMENTO DA NULIDADE – RECURSO CONHECIDO E PROVIDO. **Anula-se a decisão que confirma o pedido de medidas protetivas e considera o agente revel e julga o processo extinto sem se manifestar sobre a defesa prévia apresentada tempestivamente, na qual, inclusive, havia pedido expresso de produção de provas.** (Minas Gerais, 2015, grifo nosso)

O juiz cerceou o direito do réu de se manifestar sobre as alegações da vítima, para dar sua versão dos fatos e requerer produção de provas, ou seja, negou-lhe o direito ao contraditório. O tribunal, ante a ilegalidade, anulou a referida decisão.

A audiência de custódia, já discutida por nós, é um exemplo de aplicação do contraditório, se realizada em prazo razoável após prisão em flagrante. É nesse momento que o detido terá voz, perante um juiz competente – para dar sua versão dos fatos e ajudar a elucidar a situação de flagrante, pleitear o não cabimento de medida cautelar –, a fim de que tal juiz possa, então, decidir pela conversão do flagrante em prisão preventiva, pela liberdade provisória do sujeito ou pelo relaxamento da prisão, se esta for ilegal.

O contraditório está previsto na Constituição, no art. 5º, inciso LV: "aos litigantes, em processo judicial ou administrativo, e aos acusados em geral são assegurados o contraditório e ampla defesa, com os meios e recursos a ela inerentes" (Brasil, 1988).

Além disso, a aplicação de qualquer medida cautelar, sua substituição ou cumulação, exige a oportunidade do contraditório por parte do acusado ou investigado, tendo em vista que há limitação ou restrição de direitos sendo imposta. É de suma importância que o réu seja ouvido e possa defender-se do tolhimento ou da diminuição de sua liberdade.

No Brasil, temos um sistema bifásico, em que, em um primeiro momento do inquérito policial, está-se diante de um sistema inquisitório, que não comporta a realização do contraditório. Apenas em um segundo momento, a fase processual, é que o contraditório se faz presente, ante o sistema acusatório adotado. A ausência do contraditório na fase investigativa, em que há o colhimento de provas que serão utilizadas durante toda a fase processual, é alvo de duras críticas por parte dos doutrinadores.

Para Lopes Junior (2013), na busca da "verdade real", criada pela estrutura inquisitorial do processo, implementa-se a prisão cautelar como regra, não exceção, pois há necessidade de se ter controle do corpo do investigado. Assim sendo, não raros são os casos de tortura para obtenção de confissão, a verdade por excelência no processo inquisitório.

Para o ato ser passível de anulação, a inobservância do princípio do contraditório deve gerar prejuízo comprovado para a parte. Assim se posiciona a jurisprudência, uma vez que

> o reconhecimento de nulidade, ainda que absoluta, exige a demonstração do prejuízo (CPP, art. 563), o que não ocorreu [...] Assim, não há falar em violação dos princípios do contraditório e da ampla defesa. (STJ, HC: 410942 SP 2017/0193298-4, Relator: Ministro SEBASTIÃO REIS JÚNIOR, Data de Julgamento: 19/03/2019, T6 – SEXTA TURMA, Data de Publicação: DJe 26/03/2019)

Para a ocorrência do devido processo legal, o agente deve ter acesso aos meios de defesa previstos legalmente, incluído aí o direito de resposta para atos processuais que lhe impliquem prejuízo, a chance de ser ouvido e um lugar de fala no processo, garantido por meio do princípio do contraditório.

— 5.4 —
Provisionalidade

A aplicação de medidas cautelares, como vimos, está condicionada à existência de situação fática que as enseje, quais sejam: cometimento de crime e perigo na liberdade do agente, desde que presentes as hipóteses de cabimento (crime doloso, com pena privativa de liberdade maior de quatro anos, por exemplo – art. 313, CPP).

Geralmente o fundamento da medida (garantia da ordem pública e da aplicação da lei penal são as mais aplicadas) está ligado ao perigo decorrente da liberdade do agente. Prende-se provisoriamente porque o agente tentou destruir provas em fase de inquérito, por exemplo. Nesse caso, a prisão é válida enquanto a situação fática perdurar (recolhimento de provas em fase investigativa).

Com o fim dessa etapa, e não havendo outros motivos ensejadores de aplicação de medida cautelar, a restrição deve deixar de ser aplicada, devendo ser revogada. Ou seja, cessada a situação fática que contenha o *fumus commissi delicti* ou o *periculum libertatis*, não há por que persistir a medida cautelar imposta. Assim dispõe a lei:

> Art. 282:
>
> [...]
>
> § 4º No caso de descumprimento de qualquer das obrigações impostas, o juiz, mediante requerimento do Ministério Público, de seu assistente ou do querelante, poderá substituir a medida, impor outra em cumulação, ou, em último caso, decretar a prisão preventiva, nos termos do parágrafo único do art. 312 deste Código.
>
> § 5º O juiz poderá, de ofício ou a pedido das partes, revogar a medida cautelar ou substituí-la quando verificar a **falta de motivo para que subsista,** bem como voltar a decretá-la, **se sobrevierem razões que a justifiquem.** (Brasil, 1941, grifo nosso)

Podemos afirmar que "trata-se de uma garantia valiosa ao imputado que, diante de uma situação modificativa favorável, capaz de afastar os indícios de crime e/ou de perigo em manter-se solto, a liberdade deve prevalecer sobre o seu enclausuramento preventivo" (Saibro, 2015). A jurisprudência também se manifesta no seguinte sentido:

> A prisão preventiva é medida extrema, excepcional e tem caráter provisional, ou seja, rege-se pela sua necessidade para sanar determinado risco, de modo que, sendo possível atingir o mesmo resultado com medidas cautelares diversas, estas hão de prevalecer [...] (Mato Grosso do Sul, 2020)

Todavia, pode operar-se inversamente ante a situação nova desfavorável ao réu, quando será facultada ao juiz a aplicação de medida cautelar ao agente, conforme parágrafo 5º do art. 282.

Analisemos o seguinte caso: Marcelo foi detido juntamente com um amigo, após ter seu carro parado pela polícia, com 20 (vinte) papelotes de cocaína (droga ilícita), sendo preso em flagrante. Apesar de o amigo assumir que a droga era sua e não de Marcelo, a prisão em flagrante de ambos foi convertida em preventiva. A defesa de Marcelo peticionou, requerendo a revogação da medida, ante a não incidência do fundamento da "garantia da ordem pública". Houve mudança fática, uma vez que posteriormente à prisão ficou constatado que a droga não era sua. O pedido da defesa foi deferido, substituindo a prisão por medidas cautelares menos gravosas. A acusação recorreu, requerendo a manutenção da prisão preventiva. A decisão foi a seguinte:

> RECURSO EM SENTIDO ESTRITO – RECORRIDO DENUNCIADO PELA SUPOSTA AUTORIA DOS CRIMES PREVISTOS NOS ART. 33, CAPUT, C/C ART. 40, VI, DA LEI DE TRÁFICO – SUBSTITUIÇÃO DA PRISÃO PREVENTIVA POR MEDIDAS CAUTELARES DELA DIVERSAS – IRRESIGNAÇÃO MINISTERIAL – RESTABELECIMENTO DA PRISÃO PREVENTIVA – IMPOSSIBILIDADE – AUSÊNCIA DOS REQUISITOS DO ART. 312, CPP AUTORIZADORES DO DECRETO PREVENTIVO – RECURSO DESPROVIDO CONFORME O PARECER – **Com o fim das investigações, alterado o substrato fático ensejador do decreto preventivo, nada impede seja revogada a medida extremada e impostas providências cautelares menos gravosas à liberdade do indivíduo. Art. 282, § 5º, CPP.** – Se atualmente inexiste nos autos, qualquer elemento fático que justifique o restabelecimento da custódia preventiva sob qualquer dos fundamentos previstos em lei, deve o recorrido permanecer agraciado pela substituição da preventiva por medidas cautelares dela diversas, **até que algum motivo justificado e demonstrado concorra para interromper sua liberdade, até o julgamento da causa.** (Mato Grosso, 2017, grifo nosso)

Houve mudança na situação fática desde o momento da decretação da prisão preventiva. Durante a fase de inquérito, corroboraram a tese da defesa diversos fatores que afastam a necessidade de prisão de Marcelo para garantia da ordem pública. Assim, a revogação da medida cautelar extrema foi concedida, com fulcro no art. 282, parágrafo 5º.

Prisões preventivas são carregadas de circunstancialidades, sujeitas sempre a modificação da realidade fática, podendo, em função dessas alterações, ser canceladas ou substituídas, com fulcro no princípio da provisionalidade.

— 5.5 —
Provisoriedade

Se, no princípio anteriormente analisado, a ligação é com a situação fática, com o princípio da provisoriedade a ligação se dá com o tempo. Medidas cautelares devem ser breves, temporárias, especialmente em se tratando de prisão. Cabe lembrar que a prisão processual ocorre sem que haja a formação da culpa do sujeito, não servindo como antecipação do cumprimento de pena. Ela, todavia, implica flagelo de grande monta para o agente que, ainda sem sentença condenatória transitada em julgado, se vê privado de sua liberdade e submetido à vida no cárcere. A brevidade de tal medida é crucial para caracterização da cautelaridade da prisão processual.

A Lei Anticrime trouxe um paliativo à não estipulação de prazo de duração da prisão preventiva: a obrigatoriedade de reexame, por juiz, de sua necessidade e adequação a cada 90 dias. Esse pode ser um passo em direção ao direito ao processo penal em um prazo razoável.

No entanto, inexistindo normatização acerca do tempo de duração máxima da prisão cautelar ou de medidas cautelares diversas (com exceção da prisão temporária que tem prazo máximo estabelecido em 30 dias), os marcos balizadores para tal fim são os prazos contidos no CPP para realização de diligências e prazos processuais. Todavia, não há sanção a ser imposta caso o acusado seja mantido sob incidência de medida cautelar por tempo considerado excessivo, o que leva à ocorrência de diversos abusos.

Absolutamente indeterminado, o critério demarcatório quanto à ocorrência de excesso de prazo da prisão cautelar continua sendo a razoável duração do processo ante sua complexidade. A determinação é feita com base na jurisprudência do Supremo Tribunal Federal, que afirma que "é no sentido de que a razoável duração do processo deve ser aferida à luz da complexidade da causa, da atuação das partes e do Estado-Juiz" (Brasil, 2017a).

Por fim, o encerramento da instrução criminal e a decisão de pronúncia dão por finalizado o direito a reclamar o excesso de prazo de prisão cautelar, e o consequente constrangimento ilegal do agente, conforme duas súmulas do Superior Tribunal de Justiça (STJ). São elas: (a) Súmula 21 – "Pronunciado o réu, fica superada a alegação do constrangimento ilegal da prisão por excesso de prazo na instrução" (Brasil, 1990b); e (b) Súmula 52 – "Encerrada a instrução criminal, fica superada a alegação de constrangimento ilegal por excesso de prazo" (Brasil, 1992).

Considerando que a decisão de pronúncia constitui apenas uma etapa do procedimento do Tribunal do Júri, o qual apenas termina com o julgamento em plenário, e que, no procedimento comum, o processo se encerra com a sentença, Lopes Junior (2013, p. 797) sustenta que "esse encurtamento do termo final, ou seja, a adoção de um termo a quo anterior ao julgamento em primeiro grau, é incompatível com o direito ao processo penal em prazo razoável, assegurado pelo art. 5o, LXXVIII, da Constituição".

— 5.6 —
Excepcionalidade

Como vimos, a prisão preventiva deve ser determinada apenas nas situações em que não é cabível sua substituição por medida cautelar diversa. Deveria essa medida ser realmente a *ultima ratio*, ante os seus impactos sobre o agente, bem como para o sistema carcerário.

Com a superutilização da prisão cautelar no Brasil, onde "se prende para investigar" (Lopes Junior, 2013, p. 800), e a crise de déficit de vagas no sistema carcerário, houve em 2019 inovação da lei processual penal no que se refere à regulamentação da prisão cautelar. A Lei Anticrime inseriu no art. 282 do CPP a necessidade de justificativa fundamentada do não cabimento de medida cautelar diversa, baseada em elementos do caso concreto, para decretação da prisão preventiva, acentuando seu caráter excepcional:

Art. 282

[...]

§ 6º A prisão preventiva **somente será determinada quando não for cabível a sua substituição por outra medida cautelar**, observado o art. 319 deste Código, e o não cabimento da substituição por outra medida cautelar **deverá ser justificado de forma fundamentada nos elementos presentes do caso concreto, de forma individualizada**. (Redação dada pela Lei n. 13.964, de 2019) (Brasil, 1941, grifo nosso)

Segundo Lopes Junior (2013), tal medida se fazia necessária, dada a cultura de justiça criminal existente no país e a necessidade de resposta imediata às infrações cometidas, sob pena de descrédito da opinião pública na justiça. Para o autor, "o simbólico da prisão imediata acaba sendo utilizado para construir uma (falsa) noção de 'eficácia' do aparelho repressor estatal e da própria justiça. Com isso, o que foi concebido para ser 'excepcional' torna-se um instrumento de uso comum e ordinário" (Lopes Junior, 2013, p. 801).

A prisão é legislativamente compreendida como instrumento excepcional à disposição do sistema de justiça criminal, cujos operadores devem dar preferência à aplicação de medidas menos gravosas ao agente e à própria sociedade, sempre que possível.

A prisão, chamada de *escola do crime*, propicia o desenvolvimento do agente em carreiras criminosas, o contato com organizações criminosas, o afastamento da família, a dessocialização do indivíduo; além disso, a baixa infraestrutura implica a impossibilidade de desenvolvimento profissional e acadêmico do encarcerado. Esses fatores devem ser levados em conta como desestimulantes para o aprisionamento, pois afetam não apenas a pessoa presa, como também sua família e a sociedade como um todo.

— 5.7 —
Proporcionalidade

O princípio da proporcionalidade, decorrente do devido processo legal, visa precisar ao máximo os limites do poder punitivo do Estado, para que a sanção imposta ao sujeito seja correspondente ao crime cometido em sua gravidade, coibindo excessos. Objetiva-se, "respeitado o âmbito da atuação política, reduzir ao máximo a arbitrariedade da ação estatal, com o menor grau de subjetivismo possível" (Feldens, 2012, p. 130).

Pode parecer óbvio, modernamente, que a pena não deve ser desproporcional ao crime. Parece senso comum que o furto de uma maçã por uma pessoa esfomeada não pode ensejar pena de prisão, inclusive sendo de fácil compreensão aqui o princípio da insignificância (crime de bagatela).

O crime de bagatela consiste na conduta que, apesar de considerada criminosa, tem sua tipicidade afastada (via de regra, devido ao baixo potencial lesivo da ação), ante a sua não reprovabilidade social. Cabe ressaltar sua origem: a qualidade paupérrima de vida na Europa pós-guerra, com a proliferação de crimes pequenos, famélicos, em virtude da alta taxa de desemprego, impactava a vida dos cidadãos (Nóbrega, 2018). Todavia, o ponto a que chegamos com a aplicação do princípio da proporcionalidade, especialmente em situações extremadas, como a anteriormente descrita, é resultado de um desdobramento histórico. Nem sempre foi assim. Houve um deslocamento histórico do direito de punir, que gravitava ao redor da vingança do soberano, sendo incorporado pelo direito de defesa da sociedade (Foucault, 2013).

Assim, o princípio da moderação das penas acaba com o suplício e a execução pública, em tese, humanizando as sanções. De acordo com Foucault (2013, p. 13), "no fim do século XVIII [...] a melancólica festa da punição vai-se extinguindo. Nessa transformação [...] há supressão do espetáculo punitivo. O cerimonial da pena vai sendo obliterado e passa a ser apenas um novo ato de procedimento ou de administração."

O princípio da proporcionalidade assume importância na escolha da sanção a ser imposta. Segundo Beccaria (2002, p. 58), "devem ser, portanto, escolhidas aquelas penas e aqueles métodos de aplicá-las que, guardada a proporção, exerçam impressão mais eficaz e duradoura sobre os ânimos dos homens, e menos tormentosa sobre o corpo do réu".

São suprimidos na Europa atos de confissão pública, além de outras práticas vexatórias e de tortura, como pelourinho, desfile de condenado com coleiras no pescoço, suplícios, trabalhos forçados, marcas corporais feitas a ferro quente e uso de chicotes. Porém, a linha deixa de ser muito clara quando o caso concreto não envolve situação extrema, como o furto famélico e/ou penas corporais explicitamente torturantes. Há países que ainda admitem a pena de morte, por exemplo. Estaria tal situação em observância do princípio da proporcionalidade?

O tema torna-se ainda mais controverso se considerarmos a discussão envolvendo a injeção letal utilizada na maioria das execuções, e a polêmica sobre a forma de atuação da substância no organismo humano. Conforme constatado em Ohio, nos Estados Unidos, o líquido letal injetado no condenado à morte é composto por três drogas, sendo uma delas o Midazolan, cujo um dos efeitos, diagnosticado em autópsias, consiste em edema pulmonar, o que leva o condenado a vivenciar uma situação de afogamento, com acúmulo de água nos pulmões (Segura, 2019). Segundo Segura (2019), "the autopsies showed the executed men felt the panic and terror of asphyxiation before they died".[2] O sofrimento da pena imposta – a morte, de maneira cruel, com sensação final de afogamento – atenderia ao princípio da proporcionalidade?

Analisemos, ainda, um caso presente em nossa cultura jurídica: a criminalização da comercialização de drogas ilícitas.

Vende-se substâncias ilícitas, como maconha e cocaína, pois há uma demanda de mercado, há consumidores. Pesquisa realizada pela Fiocruz revela que aproximadamente 5 milhões de brasileiros fizeram uso de maconha no ano da pesquisa (Krapp,

---

2   As autópsias comprovam que os executados sentiram pânico e terror de asfixia antes de morrer. [tradução nossa]

2019). Assim, conforme exteriorizado por Husak (2002) em sua pesquisa acerca da criminalização do uso recreacional da maconha, "since punishment is the worst thing our state can do to us, I have suggested that the justification for punishing anyone – drug users or those who dig holes and fill them up – had better be strong"[13] (Husak, 2002, p. 95).

Considerando que o uso de tais substâncias é voluntário, assim como o álcool e o tabaco (drogas lícitas ao consumo), cabe analisarmos se há proporcionalidade na caracterização de crime hediondo, com pena de aprisionamento, da referida atividade comercial. Há uma movimentação mundial no sentido de descriminalizar o uso da maconha de forma recreativa, a exemplo do Uruguai, do Canadá e de diversos estados norte-americanos, como a Califórnia. Essa discussão pode ser ainda potencializada se reconhecermos os avanços científicos que tendem a comprovar benefícios medicinais do uso da *cannabis*, reduzindo sua prejudicialidade à saúde.

Pesquisas há muito demonstram maior prejudicialidade à saúde advinda do consumo de álcool e tabaco do que os apresentados pela *cannabis* ou heroína. Assim demonstra Albrecht (2010):

> É conhecida uma manifesta nocividade à saúde da nicotina e álcool, drogas culturais estabelecidas neste País. Lesões de órgãos por meio do tóxico celular etanos (álcool) são

---

3   Uma vez que a punição é a pior coisa que nosso Estado pode fazer a nós, eu sugeri que a justificativa dada para punir qualquer pessoa – usuário de drogas ou aqueles que cavam buracos para reenchê-los, deve ser muito boa. [tradução nossa]

demonstradas cientificamente em múltiplos casos (compare, por exemplo, Feuerlein, 1982, 1380 f). O mesmo vale para os perigos à saúde através da nicotina (compare Shiffmann, 1982, 1384 s.; Hess, 1987, 135 ff.). Na heroína ou morfina, os resultados aos danos à saúde são claramente menos inequívocos. (Albrecht, 2010, p. 514)

Autores que defendem a descriminalização da comercialização da *cannabis* para uso recreativo, como Husak (2002) e Albrecht (2010), apontam graves consequências criminológicas advindas da ilegalidade, como o alto preço da substância, a falta de controle da mercadoria fornecida aos consumidores, o exercício da "criminalidade de provisão" (como furto, roubo, tráfico, prostituição), uma vez que "a aquisição da droga com trabalho legal é quase impossível de financiar. A necessidade diária para financiamento de uma dependência de drogas pesadas fica entre 50 e 125 euros por dia (compare Nestler, 1998, 797)" (Albrecht, 2010, p. 509).

Assim, a proporcionalidade da sanção no que se refere às condutas envolvendo drogas ilícitas passa a ser altamente questionada, mundialmente, em um movimento inverso ao de "guerra às drogas" imposto pelos Estados Unidos.

Voltando para a nossa discussão, no caso das medidas cautelares, o princípio da proporcionalidade obriga o magistrado a expor as razões pelas quais aplicou ou afastou determinada medida, justificando também a não substituição da prisão preventiva por medida diversa, se for o caso (Feldens, 2012).

Esse princípio é responsável por impedir abusos nas prisões cautelares, ou seu uso desmedido, inclusive impedindo que o sujeito sofra, cautelarmente, uma constrição que se mostre mais dura do que a que seria imposta a ele caso condenado. Deve-se encontrar o ponto de equilíbrio entre o interesse de repreender eficazmente condutas criminosas e o respeito ao direito à liberdade do agente e sua presunção de inocência. Conforme Lopes Junior (2013, p. 801), "o Princípio da Proporcionalidade vai nortear a conduta do juiz frente ao caso concreto, pois deverá ponderar a gravidade da medida imposta com a finalidade pretendida, sem perder de vista a densidade do *fumus commissi delicti* e do *periculum libertatis*" (grifo do original).

Em suma, o exame de proporcionalidade consiste justamente em auferir se a intervenção legislativa: (a) é apta à finalidade pela qual foi pensada (adequação); (b) constitui sacrifício necessário ao direito do agente – no caso da prisão preventiva, levando em consideração medidas cautelares alternativas, por exemplo; (c) os benefícios da restrição imposta são proporcionais às desvantagens da sua aplicação (Feldens, 2012).

Dessa forma, pode-se concluir se uma medida, em nosso caso uma medida cautelar, foi imposta de maneira adequada aos fins pretendidos, proibindo-se restrições desnecessárias ou excessivas.

Capítulo 6

Medidas assecuratórias

As medidas assecuratórias consistem no sequestro de bens móveis e/ou imóveis, além da hipoteca legal de bens imóveis, prevista pelo Código de Processo Penal (CPP) com o intuito de restituir coisas, indenizar, reparar dano (interesses inerentes à esfera cível) e pagar multa e custas processuais (Lopes Junior, 2013).

São medidas que recaem sobre o patrimônio do agente, e não sobre sua pessoa, como nas medidas cautelares pessoais (a exemplo da prisão cautelar). Elas são concedidas cautelarmente porque a demora da atuação estatal pode pôr em risco o êxito pretendido em favor da vítima, com a perda ou desfazimento do bem objeto da medida. Segundo Lopes Junior (2013, p. 917), "haverá um período de tempo de duração indeterminada, que pode colocar em risco o êxito do processo de conhecimento ou de execução (cível), justificando, em certos casos, a restrição legal".

Nos arts. de 125 a 133 do CPP, a primeira medida elencada é o sequestro de bens. Conforme o primeiro, "Caberá o sequestro dos bens imóveis, adquiridos pelo indiciado com os proventos da infração, ainda que já tenham sido transferidos a terceiro" (Brasil, 1941).

Abstrai-se da lei que bens que tenham sido adquiridos como produto de ação criminosa, e somente estes, estão sujeitos ao sequestro, desde que existentes indícios "veementes" de que os bens têm origem em atividade ilícita. Deve também ser demonstrado, sempre pela parte requerente, o perigo de perecimento do objeto caso haja demora na atuação estatal.

Parece óbvio estarmos novamente tratando de medidas extremas. Por isso, é exigida a observância dos princípios anteriormente discutidos, como o da excepcionalidade e o da proporcionalidade da medida.

Deve haver indícios suficientes de que há perigo em o imputado se desfazer do patrimônio com a intenção de fraudar o sistema e não cumprir com a obrigação de indenizar. Além disso, os valores constritos devem ser no exato valor necessário para arcar com as obrigações do réu, não podendo excedê-lo.

O sequestro pode ser decretado a qualquer tempo, desde a fase de inquérito até o trânsito em julgado da sentença, todavia "ficará sem efeito – será levantado – quando, decretado na fase pré-processual, não for oferecida ação penal no prazo de 60 (sessenta dias), contados da data em que a medida se efetivar, ou inda se for julgada extinta a punibilidade ou absolvido o réu" (Lopes Junior, 2013, p. 922).

A jurisprudência colacionada a seguir traz exemplo do deferimento das medidas cautelares ora estudadas, justamente no intuito de assegurar "lastro patrimonial na hipótese de condenação" (TRF-4, 2019), para ressarcimento de danos causados por pessoa jurídica.

OPERAÇÃO INTEGRAÇÃO II. MEDIDAS ASSECURATÓRIAS. INOCORRÊNCIA DA ILEGITIMIDADE ATIVA E PASSIVA. INEXISTÊNCIA DE DECISÃO EXTRA PETITA. DESNECESSIDADE DE PERÍCIA PARA ESTIMATIVA DE REPARAÇÃO MÍNIMA DOS DANOS. INDEPENDÊNCIA DE ESFERA CÍVEL E CRIMINAL.

IMPRESCINDIBILIDADE DAS MEDIDAS ASSECURATÓRIAS PATRIMONIAIS. ABRANGÊNCIA DO DANO E DAS PENAS DE MULTA. INDISPONIBILIDADE DOS ATIVOS FINANCEIROS. 1. Nos termos do art. 4º da Lei n. 9.613/98, **havendo indícios da infração penal as medidas assecuratórias devem ser postuladas pelo Ministério Público, com vistas à constrição de bens, direitos e valores que representem proveitos ou produtos do crime.** 2. **A constrição dos bens da pessoa jurídica é medida cautelar adequada para assegurar o ressarcimento dos danos decorrentes da conduta criminosa,** em tese praticada por intermédio de seus executivos, em benefício da empresa. 3. **As medidas assecuratórias patrimoniais foram deferidas nos moldes do requerimento veiculado pelo Ministério Público Federal, não se configurando decisão extra petita.** 4. O esquema de corrupção descrito na denúncia fornece elementos que apontam para complexo e amplo cenário envolvendo expressivos valores. [...] 7. **As medidas assecuratórias objetivam garantir o pagamento do dano e também das penas de multa, sendo decretadas com base em estimativa provisória de valor, com o propósito de assegurar lastro patrimonial na hipótese de condenação.** [...] 9. Apelos defensivos desprovidos. (TRF-4, 2019, grifo nosso)

O tema é atual, tendo em vista os crimes envolvendo a Vale S.A. (pessoa jurídica), em Mariana e Brumadinho, os quais deixaram dezenas de mortos e, consequentemente, muitas famílias a serem indenizadas, além das discussões envolvendo o meio ambiente.

Sendo o réu condenado e transitada em julgado a sentença, os bens sequestrados serão submetidos a leilão, no próprio juízo criminal, para atender aos objetivos das medidas assecuratórias já elencados. Depois do sequestro, vem regulamentada no CPP a hipoteca legal, nos arts. 134 e 135. Conforme o art. 134, "A hipoteca legal sobre os imóveis do indiciado poderá ser requerida pelo ofendido em qualquer fase do processo, desde que haja certeza da infração e indícios suficientes da autoria" (Brasil, 1941).

Aqui, como define Lopes Junior (2013, p. 925), o objetivo é assegurar o interesse patrimonial da vítima, que se caracteriza em "garantir os efeitos patrimoniais da eventual sentença condenatória".

Assim, hipoteca-se bem que tenha sua origem em valores licitamente adquiridos. Então, mesmo em crimes que não gerem ganho patrimonial, como a lesão corporal, por exemplo, poder-se-á requerer hipoteca, e não o sequestro, de bens do réu para que a indenização à vítima seja garantida, ao final do processo. A hipoteca é geralmente precedida de arresto prévio (art. 136, CPP), enquanto ato preparatório daquela.

Por fim, o arresto de bens móveis é disciplinado no art. 137 do CPP: "Se o responsável não possuir bens imóveis ou os possuir de valor insuficiente, poderão ser arrestados bens móveis suscetíveis de penhora, nos termos em que é facultada a hipoteca legal dos imóveis" (Brasil, 1941).

Aqui, previu-se uma alternativa à hipoteca legal, caso o réu não possua bens imóveis. Assim sendo, bens móveis de origem lícita poderão ser arrestados e posteriormente leiloados, para garantir interesse patrimonial da vítima em caso de condenação do réu.

Essas são as medidas assecuratórias, ou reais, previstas no ordenamento jurídico, como ferramenta de garantia (quando adequado e necessário) do pagamento de desdobramentos econômicos advindos de uma condenação penal futura, como custas processuais, multa e indenização à vítima pelos danos causados.

Capítulo 7

Prisão cautelar como estratégia

Uma das críticas quanto ao ranço inquisitorial presente no processo penal brasileiro, inclusive já mencionado aqui, é a possibilidade de manutenção da tutela estatal da pessoa do acusado, ou suspeito, em fase de investigação ou instrução processual, por meio de prisão preventiva ou temporária, com o intuito de coagi-lo à confissão do crime. Trata-se da utilização de prisão cautelar como estratégia investigativa ou da acusação.

Essa prática, além de comum e não necessariamente sigilosa, como veremos, não está restrita ao processo de investigação e instrução penal brasileiro, ocorrendo também em países com um sistema processual acusatório de fato, como os Estados Unidos.

— 7.1 —
Crítica nacional

Em nosso país, a utilização da prisão cautelar como forma de coação para obtenção de confissão ou colaboração para resolução de crime pelo agente é abertamente discutida pelo poder acusatório. Como exemplo desse fato, podemos citar os casos envolvendo pareceres da Procuradoria Geral da República da 4ª Região, os quais recomendavam a constrição da liberdade dos acusados ante "possibilidade real de o infrator colaborar com a apuração da infração penal" (Canário, 2014).

Pauta-se o entendimento em um dos requisitos da prisão preventiva, qual seja, a conveniência da instrução criminal, conforme defendido pelo procurador federal Manoel Pestana para a manutenção de constrições à liberdade:

A conveniência da instrução criminal mostra-se presente não só na cautela de impedir que investigados destruam provas, o que é bastante provável no caso do paciente, mas **também na possibilidade de a segregação influenciá-lo na vontade de colaborar na apuração de responsabilidade, o que tem se mostrado bastante fértil nos últimos tempos**. (Canário, 2014, grifo nosso)

O procurador afirma o sucesso da prisão provisória como meio de obtenção de colaboração do acusado. Advogados de defesa alegaram prática de extorsão de confissão e colaboração por parte da acusação em casos envolvendo a Operação Lava Jato, tese não acolhida pelos desembargadores do TRF da 4ª Região, os quais mantiveram as prisões cautelares em sede de *habeas corpus*, não identificando a ocorrência de ilegalidades na sua imposição (Canário, 2014).

O escancaramento da detenção do investigado como técnica de colaboração para resolução do conflito penal, em situações sob o holofote da mídia, nas quais os acusados têm bons e caros defensores (como acontece na Operação Lava Jato), faz refletir sobre o tratamento dado aos casos (e aos acusados) de crimes em que não há atenção da mídia e cujos investigados muitas vezes sequer têm advogado constituído.

A busca pela solução do caso penal deve, necessariamente, estar atrelada ao respeito a princípios e leis, sob pena de afrouxamento da rede normativa constituída justamente para impor limites e regras ao Estado quanto ao seu poder punitivo.

É oportuno aqui novamente enfatizar a crítica à prisão temporária, cuja necessidade se baseia não no perigo de liberdade do agente, mas na sua utilidade para a investigação criminal. Para Lopes Junior (2013), é inadmissível a imprescindibilidade da prisão do sujeito para investigação de crime, devendo as autoridades investigativas serem capazes de atuar com base em informações e condições técnicas independentemente da tutela antecipada do sujeito.

Há de se ressaltar a prevalência, em nosso sistema, em primeiro da presunção de inocência, e, em segundo, do direito à não autoincriminação, não sendo possível a coação do acusado para que colabore com a investigação. Segundo Lopes Junior (2013, p. 890), "há que se abandonar o ranço inquisitório, em que o juiz (inquisidor) dispunha do corpo do herege, para dele extrair a verdade real... O suspeito (e o acusado), tem o direito de silêncio e de não participar de qualquer ato probatório".

— 7.2 —
Crítica internacional

Pesquisas indicam que, mundialmente, a cada ano, 11 milhões de pessoas são aprisionadas antes da imposição de sentença condenatória. Esse *ranking* é liderado pelos Estados Unidos, com 500 milhões de presos provisórios, seguido pela China (Dobbie; Goldin; Yang, 2018).

No estado da Califórnia, por exemplo, o cometimento de *felonies* – crimes de maior potencial ofensivo, cujas penas vão de um ano de prisão à modalidade perpétua, inclusive com a imposição de pena de morte – impõe, obrigatoriamente, a prisão provisória do acusado, durante fase de investigação (Bisharat, 2014). Tendo em vista que a maioria dos crimes no país resolve-se por meio da negociação penal (cerca de 95% dos casos), nessas situações o investigado negocia com a acusação com a certeza do aprisionamento provisório. Em muitos casos, há a imposição de fiança para concessão de liberdade provisória, porém é muito comum a impossibilidade do pagamento por parte do investigado, em virtude de sua condição socioeconômica (Bisharat, 2014). Ou seja, a razão apontada para justificar o alto índice de aprisionamento cautelar no país é a prática generalizada de imposição de fiança (Dobbie; Goldin; Yang, 2018).

A fiança nos Estados Unidos funciona de maneira similar à do nosso sistema. É imposta por um juiz de fiança em até 48 horas após a prisão do indivíduo, podendo ser substituída por medida cautelar diversa, como o compromisso de aparecimento a todos os atos do processo, monitoramento eletrônico, comparecimento regular para testagem quanto ao uso de drogas, entre outros. Todavia, a fiança é medida amplamente aplicada como requisito à concessão de liberdade provisória.

A pesquisa aponta que o acusado típico pelo cometimento de *felony* tem o valor de fiança imposto em 55 mil dólares, necessitando pagar 10% desse total para garantir a liberdade provisória.

No entanto, a renda média dos acusados é inferior a 7 mil dólares, sendo que 50% destes não podem arcar com o pagamento de 5 mil dólares a título de concessão de liberdade (Dobbie; Goldin; Yang, 2018).

Assim, conclui-se que, especialmente no que concerne aos acusados pobres, o alto índice de detenções cautelares tem forte impacto nas condenações criminais. Isso porque o aprisionamento de minorias, causado pelo alto valor de fiança estipulado, "can disrupt defendants' lives, putting jobs at risk and increasing the pressure to accept unfavorable plea bargains."[1] (Dobbie; Goldin; Yang, 2018, p. 202).

Também se verificou que a liberdade provisória concedida no início da persecução penal diminui a probabilidade de condenação, com maior impacto em acusados primários. A probabilidade de confissão de culpa em negociação penal tem uma queda de 24%. O estudo sugere que a liberdade provisória aumenta a posição de barganha do acusado antes do julgamento, especialmente se réu primário e em caso de crimes menores (Dobbie; Goldin; Yang, 2018).

Por fim, cabe ressaltar que, nos casos analisados, a concessão de liberdade provisória não impacta no cometimento de novos crimes; todavia, houve 128% de aumento de fuga e não comparecimento a atos processuais no caso de acusados reincidentes.

---

[1] Pode corromper a vida do acusado, colocando empregos em risco e aumentando a pressão para aceitar acordos de confissão de culpa desfavoráveis. [tradução nossa]

Prisão cautelar como estratégia

No que tange à utilização da prisão cautelar, há, portanto, dois lados pesando na balança. De um, a necessidade de se garantir a presunção de inocência, o direito à não incriminação, a ampla defesa – não se aceitando a prisão como forma de coação à confissão; de outro, a garantia da aplicação da lei penal, da conveniência da instrução criminal, buscando-se evitar a fuga e o não comparecimento do acusado aos atos do processo.

O direito precisa encontrar a melhor maneira de fazer cumprir as leis, sem, todavia, violar direitos individuais constitucionalmente garantidos. A prisão cautelar não pode ser utilizada como estratégia condenatória na busca por confissões e colaborações por parte do acusado.

Em nosso próximo capítulo, analisaremos diferentes formas de violações de direitos do preso provisório.

Capítulo 8

Cárcere e direitos individuais

Ao longo desta obra, trabalhamos com as possibilidades de se restringir cautelarmente os direitos e a liberdade de investigado ou acusado do cometimento de crime, ou seja, de maneira provisória, antes de sua condenação definitiva. Uma das medidas cautelares mais extremas é a prisão, devendo, por esse motivo, ser aplicada como última medida disponível, quando adequada e necessária, somente se não passível de ser substituída por qualquer outra.

Infelizmente, muito se prende em nosso país de forma cautelar, sendo a população carcerária provisória responsável pela ocupação de quase metade das vagas disponíveis no sistema. Por essa razão, é imperioso abordarmos os direitos não atingidos da pessoa presa, bem como discutir alguns pontos controversos da política de execução penal, leia-se aqui, a política de vida intramuros, mesmo que não se esteja de fato cumprindo pena, mas apenas vivendo uma prisão processual.

— 8.1 —
Direitos não atingidos da pessoa presa

A Constituição Federal (CF) de 1988, em seu art. 5º traz um rol de direitos da pessoa presa, entre eles: a vedação de tortura e tratamento desumano ou degradante; assistência religiosa assegurada; inviolabilidade da honra e imagem; vedação de trabalho forçado, pena de morte ou de prisão perpétua e de banimento; respeito à integridade física e moral do preso; permanência dos filhos com as presidiárias durante o período de amamentação;

imputação de culpa apenas após o trânsito em julgado da sentença; comunicação imediata da prisão e local onde se encontre o preso à família e ao juiz; e o dever de informar o preso de seus direitos, inclusive o de permanecer calado.

Há a preocupação pela não desumanização do encarcerado, com a manutenção do seu *status* de cidadão. Se analisarmos os direitos garantidos pela Lei de Execução Penal, entre eles o contato com o mundo exterior por meio de visitas e envio e recebimento de cartas, percebe-se o objetivo de manter o prisioneiro como ser social, parte do todo, inclusive por figurar entre os objetivos da pena a ressocialização do indivíduo e sua recuperação para o retorno à vida comum em liberdade.

Esse objetivo apenas seria alcançado se, enquanto privado de liberdade, o sujeito não se deteriorasse como ser social. Para tal, é condição que se respeite o caráter humano do indivíduo, sem que haja o retorno ao estado animalesco, para que seja possível eventualmente ocorrer sua reinserção no seio das relações interpessoais livres. Segundo Janet (1929, p. 266), "o indivíduo psicológico é uma criação particularmente social. Nós nos inventamos graças à sociedade que nos fez e que pode igualmente nos desfazer".

Assim também já se posicionava Aristóteles em razão do homem político, análise complementada por Freud, quando afirma que o homem se sente incompleto quando sozinho (Freud, 2019). O tratamento humano, inclusive dentro do cárcere, com vedação à tortura, penas cruéis, o respeito à integridade física e moral, é condição mínima de sobrevivência do homem como ser social.

Além disso, a já mencionada Lei de Execução Penal prevê que:

> Art. 41. Constituem direitos do preso:
>
> I – alimentação suficiente e vestuário;
>
> II – atribuição de trabalho e sua remuneração;
>
> [...]
>
> V – proporcionalidade na distribuição do tempo para o trabalho, o descanso e a recreação;
>
> VI – exercício das atividades profissionais, intelectuais, artísticas e desportivas anteriores, desde que compatíveis com a execução da pena;
>
> VII – assistência material, à saúde, jurídica, educacional, social e religiosa; (Brasil, 1984)

Ainda, o Código Penal aduz, no art. 38, que "O preso conserva todos os direitos não atingidos pela perda da liberdade" (Brasil, 1941).

Assim, o preso perde, temporariamente, o direito de conviver com os cidadãos livres. Torna-se um tutelado do Estado, com regras de conduta internas dos estabelecimentos prisionais a serem seguidas, horários a serem respeitados, dias determinados para visitas; enfim, são direitos dessa espécie, e apenas referentes à administração interna e boa convivência para cumprimento da pena, que são retirados do preso enquanto internado.

Não parece difícil compreender a necessidade da manutenção dos demais direitos para que haja o cumprimento de sanção de maneira digna e com possibilidade de reinserção social futura. Todavia, essa realidade está longe de se concretizar nos presídios brasileiros. A grande população carcerária e o número insuficiente de vagas, gerando um aglomerado de pessoas por celas, já seria o suficiente para caracterizar condições sub-humanas no cumprimento de pena ou de prisão processual.

Somem-se a isso as condições estruturais insalubres, com a proliferação de doenças, violência e atuação de organizações criminosas dentro dos presídios, práticas de tortura, profissionais mal treinados, corrupção e má gestão dos complexos, conforme relatório da Anistia Internacional publicado pelo Conselho Nacional de Justiça (Sistema, 2020).

Figura 8.1 - Rebelião de presos em uma cadeia

Figura 8.2 – Presídio superlotado

Fernanda Machado Givisiez (2017), membro do Mecanismo Nacional de Prevenção e Combate à Tortura, defende que a violação de direitos da pessoa presa está diretamente ligada à omissão estatal na prevenção de tais práticas, inclusive com ausência de fiscalização:

> Como produto desta omissão, o Mecanismo Nacional [de Prevenção e Combate à Tortura] encontra diversos tipos de problemas nas unidades prisionais, como superlotação,

deficiência no acesso à saúde, precariedade de infraestrutura, falta de acesso à justiça, alimentação inadequada, escassez de atividades de trabalho e educacionais, parca assistência material, realização de revistas vexatórias tanto em pessoas privadas de liberdade quanto em seus familiares.

As mulheres presas são basicamente invisibilizadas pela administração penitenciária, de modo que suas necessidades básicas não são respeitadas. Assim, atendimentos de saúde da mulher são quase inexistentes, bem como raramente são entregues insumos de higiene básicos às presas. Em geral, agentes penitenciários do sexo masculino custodiam as presas em espaços onde apenas agentes do Estado femininos deveriam atuar, tal como disposto pela legislação nacional e internacional. Ainda, as presas grávidas e lactantes apresentam seus direitos sistematicamente violados. As unidades prisionais femininas não apresentam espaços adequados para este público, são comuns os casos em que as presas em trabalho de parto dão à luz algemadas ou sem qualquer auxílio, assim como as prescrições legais que possibilitam a prisão domiciliar para gestantes e mães de crianças até doze anos são ignoradas. (Givisiez, 2017)

Apenas como forma de materialização de desrespeito sistemático a direitos básicos e cometimento de abusos, podemos citar o caso da interna que deu à luz sozinha, enquanto mantida em solitária, em presídio do Rio de Janeiro. Ainda, a presa não teve direito de permanecer com seu filho, sendo novamente colocada em isolamento após o nascimento da criança. Internas denunciam a frequência do parto em celas no presídio.[1] Como resultado das condições de vida no cárcere, com a inobservância de direitos básicos individuais, multiplicam-se nas prisões brasileiras situações de violência e rebeliões, como forma de atestado da falência do sistema.

Nos últimos dez anos, têm sido comuns as rebeliões nas prisões brasileiras que deixam um sangrento rastro de mortes entre os presos. Tais mortes não derivam da ação policial de contenção desses movimentos, mas na sua maioria são provocadas por outros presos, em função de conflitos internos, das disputas entre grupos criminosos. Assim, além de denunciarem condições precárias de encarceramento que continuam a predominar no Brasil, as rebeliões têm revelado uma baixa capacidade do Estado em controlar a dinâmica prisional, em fazer valer princípios fundamentais de respeito à integridade física dos indivíduos presos, permitindo que grupos criminosos imponham uma ordem interna sobre a massa de presos. (Salla, 2006, p. 277)

---

1 "'Consta que a presa teve o bebê no isolamento e, mesmo com os gritos de outras detentas pedindo ajuda, ela só saiu com o bebê já no colo, com o cordão umbilical pendurado. Isso é de uma indignidade humana inaceitável', criticou o juiz Eduardo Oberg, titular da VEP. Segundo ele, a diretora negou ocorrido, mas foi desmentida. Após atendimento em um hospital, a presa voltou ao isolamento e a criança foi encaminhada a um abrigo, mesmo com a penitenciária dispondo de Unidade Materno Infantil (UMI). No local, as detentas podem ficar com os recém-nascidos por pelo menos seis meses. Conforme a Agência Brasil informou no sábado (24), detentas do Presídio Talavera Bruce relataram que partos nas celas acontecem. Elas culpam a demora no serviço de escolta, responsável por levar as gestantes ao hospital, e cobram transferência das grávidas para outra unidade." (Agência Brasil, 2015)

O ano de 2017 marcou grande violência no sistema carcerário brasileiro. Com rebeliões espalhadas pelo país (como as ocorridas em Manaus, Amazonas, Roraima, Rio Grande do Norte, São, Paulo e Curitiba), o número de mortes naquele ano ultrapassou os 111 executados no massacre do Carandiru, totalizando 133 detentos assassinados. De lá para cá, o número chega a 246 presos mortos em rebeliões e conflitos intramuros (Fernandes; Cardim; Gonçalves, 2019).

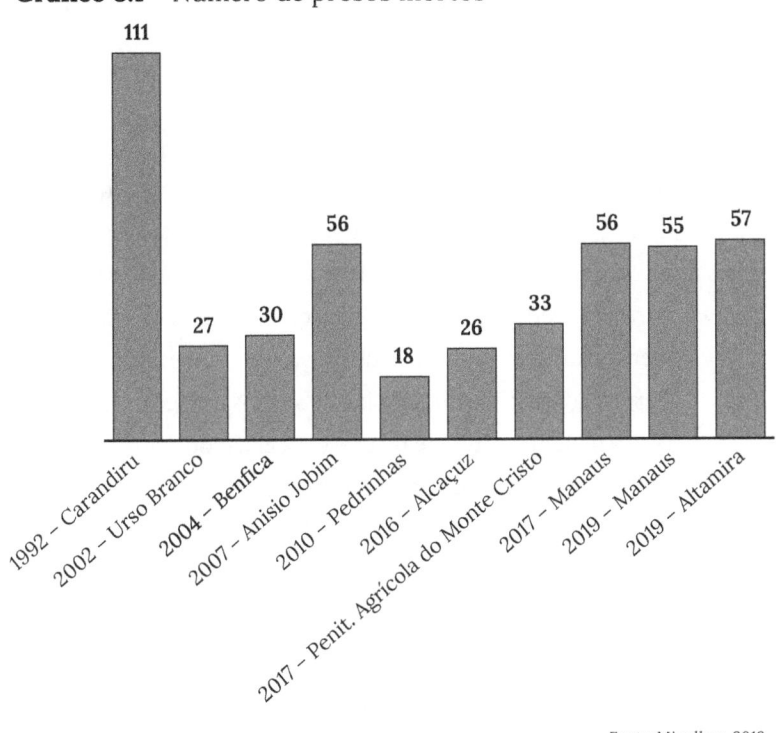

Gráfico 8.1 – Número de presos mortos

1992 – Carandiru	111
2002 – Urso Branco	27
2004 – Benfica	30
2007 – Anísio Jobim	56
2010 – Pedrinhas	18
2016 – Alcaçuz	26
2017 – Penit. Agrícola do Monte Cristo	33
2017 – Manaus	56
2019 – Manaus	55
2019 – Altamira	57

Fonte: Migalhas, 2019.

O último conflito mais expressivo ocorreu em julho de 2019, no Estado do Pará, no presídio de Altamira. Na ocasião, houve uma briga de cinco horas de duração, em que 57 pessoas foram mortas. O Conselho Nacional de Justiça (CNJ) atesta superlotação da estrutura, abrigando mais do que o dobro da capacidade de detentos, péssimas condições de habitabilidade, agentes de segurança (carcereiros) em número insuficiente e disputa pelo domínio interno de facções criminosas rivais (CNJ, 2019).

Como resposta ao caos instaurado nos presídios do Pará, o então Ministro da Justiça, Sérgio Moro, autorizou uma intervenção penitenciária (Força Tarefa de Intervenção Penitenciária – FTIP) em 2019, prorrogada no ano de 2020, a qual

> retomou o controle de 13 unidades prisionais, apreendeu mais de mil celulares, 13 armas de fogo, drogas e outros ilícitos nas casas penais do Pará. Além disso, garantiu a segurança para mais de 53 mil atendimentos de saúde, 17 mil atendimentos jurídicos, aplicação de provas do Exame Nacional para Certificação de Competências de Jovens e Adultos (Encceja), com a maior quantidade de presos realizando a prova, cursos profissionalizantes como de panificação e confeitaria, pintura entre outros. A Força de Cooperação do Depen também apoiou eventos religiosos em todas as unidades em que está atuando. (Serviço de Comunicação Social do Depen, 2020)

Todavia, relatos de presos, comprovados por membros do Ministério Público e de conselhos da Ordem dos Advogados do Brasil (OAB), atestam práticas abusivas e de tortura realizadas pela força-tarefa autorizada pelo Ministério da Justiça, o que levou à denúncia, pelo Ministério Público Federal (MPF), de um quadro generalizado de abusos, com tortura e truculências em "escala industrial" – que incluem perfuração com pregos e penetração anal forçada (Betim, 2019). Segundo o relatório, os presos e presas

> São obrigados a ficar pelados ou somente de cueca, descalços, molhados, e alguns não podendo sair do lugar sob pena de violência, sujos pelas necessidades fisiológicas [...] Estão apanhando e sendo atingidos por balas de borracha e spray de pimenta, de modo constante, frequente e injustificado, mesmo após muitos dias da intervenção, e sem prévia indisciplina dos presos [...] estão vivendo sem condições mínimas de salubridade e higiene, com ratos, superlotação em nível de desmaio e sufocamento, dormindo no chão. (Farias; Mota, 2019)

Entre as presidiárias do sexo feminino, há relatos de abusos no que tange a toques realizados pelos agentes, perda de visão temporária pelo abuso da utilização de *spray* de pimenta, aborto ocasionado por atos violentos contra interna gestante, imposição de permanência das mulheres utilizando apenas roupas íntimas, obrigatoriedade de se sentarem em formigueiros, entre outros (Farias; Mota, 2019).

As denúncias levaram ao afastamento do chefe da operação, com a consequente interposição, pelo MPF, de ação de improbidade administrativa (n. 1005171-26.2019.4.01.3900). Cabe ressaltar que os presídios do Pará seguem o índice nacional no que tange à população carcerária provisória. Quase metade dos internos e internas é de presos provisórios.

É muito importante, mais uma vez, destacar a importância de se reduzir a utilização de prisões preventivas como meio de evitar a superlotação carcerária e, consequentemente, atenuar a crise do sistema prisional. Segundo Felipe Freitas, pesquisador da Universidade de Brasília, "garantir o cumprimento do código de processo penal para que as pessoas possam ser julgadas inevitavelmente reduziria a superlotação. Mais de 40% dos presos são provisórios, sem condenação. Esse dado demonstra a gravidade de um modelo insustentável" (Fernandes; Cardim; Gonçalves, 2019).

Com a sistemática violação dos direitos da pessoa presa, temos um longo caminho a percorrer na busca pela humanização no cumprimento da pena ou da prisão processual, partindo dos mais básicos princípios, como dignidade, para que a recuperação e a ressocialização do preso possam se efetivar em nossa sociedade.

— 8.2 —
Regime Disciplinar Diferenciado

O Regime Disciplinar Diferenciado (RDD) surgiu com o objetivo de controle da ordem e da criminalidade interna nos presídios, especialmente no que se refere ao controle e isolamento de membros de facções criminosas. O instituto está disciplinado pela Lei de Execução Penal (LEP), e sofreu modificações pela Lei Anticrime, que o tornou mais rígido. A nova redação do art. 52 da LEP prevê o seguinte:

Das Faltas Disciplinares

[...]

Art. 52. A prática de fato previsto como crime doloso constitui falta grave e, quando ocasionar subversão da ordem ou disciplina internas, **sujeitará o preso provisório, ou condenado**, nacional ou estrangeiro, sem prejuízo da sanção penal, ao **regime disciplinar diferenciado**, com as seguintes características:

I – duração máxima de até 2 (dois) anos, sem prejuízo de repetição da sanção por nova falta grave de mesma espécie;

II – recolhimento em cela individual;

III – visitas quinzenais, de 2 (duas) pessoas por vez, a serem realizadas em instalações equipadas para impedir o contato físico e a passagem de objetos, por pessoa da família ou, no caso de terceiro, autorizado judicialmente, com duração de 2 (duas) horas;

IV – direito do preso à saída da cela por 2 (duas) horas diárias para banho de sol, em grupos de até 4 (quatro) presos, desde que não haja contato com presos do mesmo grupo criminoso;

V – entrevistas sempre monitoradas, exceto aquelas com seu defensor, em instalações equipadas para impedir o contato físico e a passagem de objetos, salvo expressa autorização judicial em contrário;

VI – fiscalização do conteúdo da correspondência;

VII – participação em audiências judiciais preferencialmente por videoconferência, garantindo-se a participação do defensor no mesmo ambiente do preso.

§ 1º O regime disciplinar diferenciado também será aplicado aos presos provisórios ou condenados, nacionais ou estrangeiros:

I – que apresentem alto risco para a ordem e a segurança do estabelecimento penal ou da sociedade;

II – sob os quais recaiam fundadas suspeitas de envolvimento ou participação, a qualquer título, em organização criminosa, associação criminosa ou milícia privada, independentemente da prática de falta grave. (Brasil, 1984)

Está sujeito à aplicação do regime disciplinar: (a) o preso, condenado ou provisório que cometer crime doloso, acarretando a desordem e indisciplina no presídio – RDD como sanção disciplinar; ou (b) que apresente alto risco para ordem e segurança carcerária e da sociedade, ou de quem se suspeite envolvimento em organização ou associação criminosa – RDD como medida cautelar. Para a aplicação do regime, está previsto recolhimento do preso em cela individual, com direito a visita monitorada e, via de regra, sem contato pessoal.

O prazo de duração do RDD era, anteriormente à reforma, de 360 dias, sendo possível sua prorrogação, desde que não excedesse um sexto do tempo de pena imposta. Agora, o prazo de duração inicial é de até dois anos, podendo ser sucessivamente prorrogado, com base em indícios de risco à segurança, por períodos de um ano.

Art. 52.

[...]

§ 4º Na hipótese dos parágrafos anteriores, o regime disciplinar diferenciado poderá ser prorrogado sucessivamente, por períodos de 1 (um) ano, existindo indícios de que o preso:

I – continua apresentando alto risco para a ordem e a segurança do estabelecimento penal de origem ou da sociedade;

II – mantém os vínculos com organização criminosa, associação criminosa ou milícia privada, considerados também o perfil criminal e a função desempenhada por ele no grupo criminoso, a operação duradoura do grupo, a superveniência de novos processos criminais e os resultados do tratamento penitenciário. (Brasil, 1984)

O direito a visita deixa de ser semanal, passando a ocorrer quinzenalmente, sempre sob monitoramento.

Pois bem, milhares de condenados se enquadrariam atualmente nos requisitos para aplicação do RDD, especialmente com a propagação de rebeliões em presídios e popularização de facções criminosas dentro e fora das carceragens brasileiras. Somando-se a isso o fato de hoje haver um imenso déficit de vagas em nosso sistema carcerário (razão de muitas das rebeliões anteriormente citadas), fica evidente não possuir o sistema estrutura física que possibilite a implementação da referida prática.

Apesar de não entendermos pela aplicação do RDD independentemente das circunstâncias em que se apresente o preso, é inconcebível pensar que o legislador tivesse intenção de imposição efetiva e cotidiana da lei em questão. A implementação de referido regime, ao mesmo tempo em que se apresenta como um esforço fictício das autoridades em conter a violência no cárcere e os esquemas criminosos envolvendo facções do crime que assolam nosso país (a exemplo do PCC e do Comando Vermelho), também demonstra em seu conteúdo violar princípios básicos norteadores do direito penal, bem como direitos da pessoa presa.

Se há encarceramento de seres humanos em nossa sociedade, ele acontece com fulcro em princípios como o da humanidade da execução da pena, da igualdade e do *in dubio pro reo* ("na dúvida em benefício do réu"). A implementação do RDD altera esse sistema, invertendo valores no intuito de justificar sua aplicação. Não se leva mais em consideração o fato praticado pelo autor, e, sim, suas características pessoais. Não se fala em certeza de fato praticado, e, sim, da suspeita participação do detento no fato.

Não se trata de ressocialização, e sim de neutralização do indivíduo. Não se está diante da punição de ameaça de lesão ou lesão de bem jurídico, e, sim, de um pseudocontrole total e geral na busca esquizofrênica pela segurança material, a qual, respaldada pela manutenção da ordem social e boa convivência, garante suposta legitimidade para tais normas.

Para Antón (2011), ocorreu uma inversão da segurança buscada pelo direito, migrando-se da segurança jurídica para a segurança material. O risco de lesão ao que se considera digno de proteção é suficiente para gerar o castigo, não se exigindo demonstração do dano ou lesão, tendência da codificação moderna que vai de encontro aos princípios penais estabelecidos na regra-mãe, a Constituição.

Conforme já criticado por inúmeros autores, dentre eles Busato (2019), a implementação do RDD não apenas serve como tentativa frustrada de controle de disciplina nos presídios brasileiros, mas tem o intuito de promover a obediência por meio de um modelo violador de direitos fundamentais.

A ausência de contato humano é a essência do RDD, com recolhimento em celas individuais, oponível a detentos que ofereçam risco à ordem do estabelecimento prisional ou à sociedade, ou que apresentem mera suspeita de participação em organização criminosa. Não estamos falando de falta grave ou delito a ser apurado e penalizado, ou ainda de comprovada participação em bandos e organizações.

Pune-se, com base em meras suspeitas de envolvimento em atividade ilícita, de forma desumana e cruel, isolando e neutralizando o indivíduo no interior do cárcere; o *in dubio pro reo* converte-se em *in dubio pro societate*, que também justifica a inobservância de princípios como o da humanidade da execução da pena e o da igualdade.

Questiona-se a legitimidade dessa norma (da aplicação do referido regime), uma vez que tem pouca implicação no controle social a que se destina. Ademais, é impraticável reconhecer que tais medidas resultarão na diminuição da criminalidade, fenômeno social complexo, dependente de fatores sociais e econômicos diversos da aplicação da norma. Afinal, "a raiz do fenômeno criminológico brasileiro se encontra muito mais nas graves distorções sociais e econômicas do que no regime interno do cárcere, que além do mais, costuma ser brutal e estar em descompasso com a própria disposição legislativa" (Busato, 2019, p. 5).

Segundo Busato (2019), a atuação estatal nesse sentido visa apenas à popularidade junto à opinião pública, no engano de buscar segurança social por meio do direito penal. Para o autor, "Trata-se evidentemente de uma Política Criminal equivocada e que não resulta em mais do que a reprodução e multiplicação da violência" (Busato, 2019, p. 4).

Conforme defendido anteriormente, o ser humano é social por natureza. Sua humanização se dá por meio do contato social, cuja restrição extrema pode ter severos efeitos sobre a pessoa, dentre eles depressão, raiva e sentimentos autodestruitivos. É o que pontuam Duarte et al. (2015), em trabalho que reuniu as principais pesquisas acerca dos efeitos do isolamento social em pacientes em tratamento hospitalar. O hospital, por sua vez, é considerado instituição total assim como o presídio, uma vez que ali ocorre a "barreira à relação social com o mundo externo e por proibições à saída, sendo seu ponto básico o controle de muitas necessidades humanas pela instituição:

As repercussões psicológicas mais relatadas foram: **ansiedade, depressão, raiva, sensação de confinamento, estigmatização e solidão** [...] Além disso, foram observados em menor frequência: **pesadelos, delírios, problemas com higiene, comportamento autodestrutivo, perda cognitiva e queixas psicossomáticas** [...] A frequência global de transtornos do humor em pacientes internados no hospital geral varia de 20% a 60%. (Duarte et al., 2015, p. 98-99, grifo nosso)

O estudo mostra, ainda, a diferença entre os efeitos de uma internação hospitalar comum e os de uma internação que requer isolamento social, mostrando-se esta última mais danosa ao indivíduo:

> Sintomas como ansiedade e depressão já são descritos como os mais recorrentes durante a internação hospitalar de modo geral, mas **podem ser acentuados pelo isolamento de contato.** Então, qual seria a diferença entre os efeitos de uma internação comum e uma internação com medidas de isolamento? **No caso do isolamento a barreira à relação social fica ainda mais concreta, ocasionando danos ainda maiores que na internação comum** [...]. Além da ocorrência de ansiedade e depressão, **também são observados outros sintomas, tais como raiva, sensação de confinamento, solidão e estigma, em especial a vivência de solidão e estigma estão intimamente associadas à estadia em instituições totais** como o hospital, que tem o fechamento como característica. Esse fechamento é manifestado **na barreira à** relação social com o mundo externo

e por proibições à saída, sendo seu ponto básico o controle de muitas necessidades humanas pela instituição [...]. (Duarte et al., 2015, p. 99, grifo nosso)

Pode-se facilmente trazer a realidade dos efeitos do isolamento em instituição hospitalar para o isolamento em instituição total penal, nesta última agravada pelos abusos e pela falta de estrutura já mencionados. Independentemente dos efeitos, porém, tal prática vem sendo realizada sem a observância de direitos e garantias fundamentais do preso, por natureza constituído de humanidade e sociabilidade.

O Instituto Anjos da Liberdade, que recentemente impetrou recurso ordinário em mandado de segurança contra a Portaria n. 157/2019 – a qual restringe as vistas a presos em estabelecimentos federais ao uso do parlatório ou videoconferência – apresenta estudos acerca dos efeitos psicológicos do isolamento, comparando-o à tortura.

Citou-se na petição estudo (Froés, 2020) que comprova existência de síndrome psiquiátrica de confinamento solitário (este muito semelhante ao exercido no Regime Disciplinar Diferenciado), a qual deixa no sujeito sequelas e danos de natureza psiquiátrica irreversíveis.

> a monotonia do ambiente começa a gerar um estado de torpor psíquico neurológico, a atividade, o nível de alerta, relacionado à formação reticular, região do cérebro responsável pelo nível de alerta, pela atividade cerebral no sono e na vigília, diminuiu,

o estado de torpor passa a ser identificável em registros de Eletroencefalograma, doravante EEG. O que configura efeitos físicos. Em decorrência desses efeitos as capacidade [sic] de atenção direcionada, capacidade de manter atenção em um foco, decai patologicamente. Forma-se uma névoa cognitiva, um embotamento cognitivo. Surgem incapacidades de focar a atenção, bem como mudar a atenção de um objeto para o outro, **gerando episódios de pensamentos obsessivos, agravados por episódios de irritabilidade**, considerando que os limiares sensoriais, a **sensibilidade aos estímulos ambientais, como sons, luzes, se torna exacerbada, aromas, cheiros desagradáveis, sensações somáticas passam a níveis extremamente desagradáveis. Os pensamentos tendem a se tornar obsessivos, derivando para estados paranoicos. Os níveis de ansiedade são elevados a níveis absurdamente extremos. Sonolência durante o dia, incapacidade de sono profundo e reparador durante a noite,** indicando efeitos sobre a atividade neurológica na formação reticular do cérebro. Perda do ciclo circadiano manifesta na perda da noção de dia e noite. As capacidades cognitivas se tornam altamente debilitadas, com déficits na capacidade de concentração, déficits na capacidade de formular pensamentos. **Episódios de compulsão e obsessão, pensamentos mórbidos são relatados como observados. Delírios paranoicos, distúrbios psiquiátricos graves** igualmente são relatados como observados. **O quadro é tão singular que se passou a identificar uma síndrome psiquiátrica específica relativa ao confinamento solitário, nos moldes que é replicado [sic] no Regime Disciplinar Diferenciado pátrio.** (Froés, 2020, p. 17-18, grifo nosso)

Como falar em recuperar e ressocializar, tornar apto a conviver entre os seus em liberdade, com dignidade e respeito às regras se, enquanto sob tutela do Estado, o sujeito é submetido a inúmeras violações, abusos, tratamento cruel e degradante, com práticas que não apenas o afastam da sociabilidade, mas o torturam? Trata-se de prática antagônica às finalidades da pena, bem como ao Estado democrático de direito.

— 8.3 —
Privatização do sistema carcerário

A privatização do sistema carcerário é tema atual e polêmico que merece ser abordado. Conforme já debatido em outras oportunidades (Kalache, 2019), neste tópico discutiremos dados e críticas abstraídos da prática prisional privada, não apenas no âmbito nacional, mas também nos Estados Unidos, país modelo no que concerne ao tema estudado.

O sistema carcerário brasileiro é administrado, em grande parte, pelo poder público, estadual e federal. Todavia, nos últimos anos, constata-se em nosso país um movimento privatista, concedendo-se a administração de presídios ao setor privado, algo semelhante ao praticado em outros países (os Estados Unidos, por exemplo).

Assim, no Brasil, algumas unidades prisionais já operam em forma de parceria público-privada: o Complexo Penitenciário Público-Privado (CPPP) de Ribeirão das Neves, Minas Gerais, ou no Complexo Penitenciário Anísio Jobim (Compaj). São Paulo e Paraná, por sua vez, também anunciaram, em 2019, a privatização de penitenciárias como forma de melhor gerir, trazer mais segurança e reduzir custos do cárcere.

Dentre os argumentos a favor da privatização, estão: os relativos à ordem econômica (redução de custo aos cofres públicos, melhor gestão e segurança); o melhoramento da vida intramuros; fim de rebeliões; o ambiente mais salubre para agentes penitenciários etc.

No entanto, pesquisas e investigações, tanto nacionais quanto internacionais, atestam que os resultados almejados com a administração privada do cárcere não são alcançados. No Brasil, onde implementados, os presídios privados mostram-se mais caros aos cofres públicos e menos seguros aos internos e profissionais do sistema. Segundo Kalache (2019),

> Em estudo realizado em 2015 acerca de presídios privados no Amazonas, incluído o COMPAJ, o Relatório do Mecanismo Nacional de Prevenção e Combate à Tortura (MNPCT) aponta uma autogovernança dos presos, com regras extralegais ou até mesmo ilegais, com a extorsão e ameaça de detentos, sendo a averiguação de tais práticas quase impossível ante a ausência do Estado. Há precariedade de estrutura, tortura, maus-tratos. Peritos inclusive reafirmaram que a gestão terceirizada facilita situações de violência como as ocorridas em 2017 [com rebeliões e homicídios dentro dos presídios]. (Kalache, 2019)

Além disso, apesar de o objetivo da Parceria Público-Privada ser a redução dos custos por detento e, consequentemente, a economia aos cofres públicos, dados demonstram um maior custo para o Estado advindo das privatizações. A Pastoral Carcerária (2019), em nota técnica, analisa a diferença de custos entre o sistema público e o privado, corroborando a tese de que o sistema privado onera mais os cofres públicos.

O custo mensal por pessoa presa no estado de São Paulo seria de R$ 1.580,00. Já na Parceria Público-Privada de Ribeirão das Neves, em Minas Gerais, após análise do contrato firmado, identifica-se um custo total por pessoa presa de R$ 3.500,00. É necessário chamar atenção para a cláusula de pagamento de ocupação mínima do presídio, de 90%, constante do contrato. No Complexo Penitenciário Anísio Jobim (Compaj), o custo por pessoa presa é ainda maior, totalizando R$ 4.700,00. Vale lembrar que apenas pequena parcela desse valor é revertida para garantir direitos ao detento e incentivar sua ressocialização (Pastoral Carcerária, 2019).

Ambas as experiências, nacional e internacional, comprovam que a privatização do sistema carcerário, além de mais custosa aos cofres públicos, não soluciona os problemas envolvendo a segurança física do detento ou a segurança estrutural do complexo. Além disso, no intuito de manter o sistema carcerário alimentado de seus clientes, há a ocorrência de abusos legislativos e de políticas criminais, razão pela qual o modelo vem sendo banido em países pioneiros.

Assim, identificou-se que a experiência internacional comprova a falha do sistema prisional privado no atingimento da redução de custos aos cofres públicos e atingimento de maior segurança intramuros. Nos Estados Unidos, referência da política em questão, relatórios do escritório de Departamento de Justiça (Office of the Inspector General, 2016) apontam que os presídios contratados são menos seguros que os públicos, tendo incorrido em maiores incidentes *per capita* envolvendo a segurança física dos internos.

O sistema privado também fica atrás do público no que tange à segurança estrutural. Dentre as atividades ilegais ocorridas em maior número no sistema privado, estão: contrabando, ataques, uso de força, *lockdowns* (entendidos como uma espécie de greve, tomada de espaço ou intervenção dos presos), maior culpabilidade de internos em processos disciplinares e maiores queixas de abusos por parte das autoridades carcerárias.

Essas situações se justificam em um sistema que visa ao lucro e necessita reduzir gastos, como aqueles existentes em relação à segurança, fato que se comprova com a investigação e publicação do livro *American Prison: a Reporter's Undercover Journey into the Business of Punishment*, do jornalista Shane Bauer, em 2018 (Bauer, 2018).

Bauer atuou disfarçadamente como carcereiro em um dos presídios do grupo CoreCivic, gigante no ramo de presídios privados em Louisiana, nos Estados Unidos. Nesse período, ele constatou que, ao contrário dos objetivos inicialmente declarados, os custos com segurança, desenvolvimento e ressocialização dos presos, bem como gastos com educação e atendimento médico, são aniquilados em prol do lucro empresarial.

No livro, o autor relata, por exemplo, que existe grande resistência em encaminhar um interno para atendimento médico, inclusive citando o caso de um preso que perdeu as pernas por ausência de tratamento. Menciona, também, o corte generalizado em programas educacionais, além do mau pagamento dos profissionais do cárcere – com guardas recebendo 9 dólares/hora, em turnos de 24 horas, portando apenas rádios, e devendo vigiar mais de 1.500 detentos.

O jornalista corrobora, ainda, os relatórios que evidenciam a situação violenta de tais presídios, ressaltando que, durante o treinamento profissional, os guardas não eram encorajados a intervir em brigas que ocorressem entre detentos, até porque, conforme declarado pelos interlocutores do treinamento, guardas não recebem valor suficiente que justifique atuação tão comprometida.

Tendo em vista que o complexo prisional é a indústria que mais cresce nos Estados Unidos, a Califórnia decidiu banir o sistema privado do estado em 2008. Atualmente, a senadora norte-americana Elizabeth Warren propõe o banimento de presídios privados do país inteiro. Dentre os argumentos para a nova política figura o fato de que a mão de obra carcerária serve de incentivo para o aprisionamento em massa.

Além disso, acionistas coorporativos praticam *lobby* por sentenças mais longas, o que lhes garante força de trabalho e lucro. Nesse cenário, o partido progressista, após estudo do caso, comparou os presídios privados a uma imitação de campos de concentração nazistas em relação ao trabalho escravo. Cabe ressaltar que a remuneração por hora de trabalho do detento varia entre US$ 0,17 e US$ 1,25, a depender do complexo prisional, tendo eles de 6 a 8 horas diárias de trabalho.

Fatores como longas sentenças para crimes não violentos (como posse de pequena quantidade de drogas), a lei dos *three strikes* (com prisão perpétua após o cometimento do terceiro crime), a lei de sentenciamento mínimo e o crescimento exponencial do mercado de trabalho presidiário, todos vigentes na legislação da Califórnia, foram detectados como responsáveis por elevar o potencial lucrativo dos que investem na indústria prisional.

A política criminal brasileira demonstra confiar na privatização do segmento como forma de conter a crise do sistema penitenciário vivida na atualidade. Com base em tudo o que foi discutido, críticos à privatização não podem manifestar entusiasmo em relação às medidas tomadas nessa direção.

Considerações finais

Nesta obra, buscamos compreender os aspectos técnicos das prisões cautelares, analisando de forma detalhada as mudanças legislativas trazidas pela Lei Anticrime, com a instituição de audiência de custódia no prazo de 24 horas (prazo por hora suspenso ante decisão da Corte Superior), oitiva do acusado em respeito aos princípios do contraditório e ampla defesa. A lei ainda trouxe para a fase pré-processual a figura do juiz de garantias (inovação suspensa por decisão da Corte Superior), reforçando a intenção de se implementar no país sistema verdadeiramente acusatório, cujas decisões da fase de inquérito policial não se misturam com as proferidas pelo juiz da ação.

Foram objeto de estudo as espécies de prisão pré-cautelar (flagrante), cautelar (prisão temporária e preventiva), as circunstâncias de sua aplicação, seus requisitos, as ilegalidades envolvendo suas práticas, além das formas de reversibilidade das medidas, por meio de relaxamento de prisão ilegal ou de revogação de prisão não mais justificada. Analisamos também as práticas análogas à prisão preventiva, quais sejam, a internação provisória de menores e de semi-imputáveis ou inimputáveis maiores.

Ademais, vimos que, com as alterações trazidas pela referida lei, a intenção do legislador foi a de limitar a utilização da prisão cautelar, tratando-a como último recurso, apenas para os casos em que não puder ser substituída por medida cautelar diversa. Para tanto, passa-se a exigir fundamentação, baseada em fatos concretos do caso, para a não aplicação das medidas alternativas.

Na sequência, examinamos pormenorizadamente as medidas cautelares diversas, seus requisitos e situações de aplicação, tais como a fiança, o monitoramento eletrônico, a prisão domiciliar (especialmente no caso de mães ou responsáveis por criança de até 12 anos ou portadora de deficiência), entre outras.

Além disso, realizamos estudo individualizado dos princípios norteadores do processo penal, consoantes com a principiologia cautelar, quais sejam, presunção de inocência, jurisdicionalidade e motivação, contraditório, provisionalidade, provisoriedade, excepcionalidade e proporcionalidade.

Por fim, nos detivemos no estudo da aplicação da prisão cautelar como estratégia condenatória, bem como no da reiterada violação de direitos da pessoa presa, em especial o preso provisório.

Acreditamos, com isso, ter abarcado os principais pontos concernentes ao entendimento e análise crítica da utilização da prisão cautelar e de medidas provisórias pelo nosso sistema de justiça, com uso integrado da letra da lei, doutrina e jurisprudência, de forma a dar ao estudante ou operador do direito escopo técnico e argumentativo para discussão acerca da matéria.

Desejamos sucesso a todos nessa caminhada!

Referências

ACRE. Tribunal de Justiça do Estado do Acre. Habeas Corpus 10015720920198010000 AC 1001572-09.2019.8.01.0000, de 31 de outubro de 2019. **Jusbrasil.** Disponível em: <https://tj-ac.jusbrasil.com.br/jurisprudencia/776102404/habeas-corpus-hc-100157 20920198010000-ac-1001572-0920198010000>. Acesso em: 23 nov. 2020.

AGÊNCIA BRASIL. **Presa grávida dá à luz em solitária de presídio no Rio.** Brasília, 26 out. 2015. Disponível em: <https://agenciabrasil.ebc.com.br/geral/noticia/2015-10/presa-gravida-da-luz-em-solitaria-de-presidio-no-rio>. Acesso em: 23 nov. 2020.

AGÊNCIA CNJ DE NOTÍCIAS. **CNJ aprova e encaminha nota técnica sobre audiências de custódia ao Congresso.** Brasília, 22 fev. 2019. Disponível em: <https://www.cnj.jus.br/cnj-aprova-e-encaminha-nota-tecnica-sobre-audiencias-de-custodia-ao-congresso/>. Acesso em: 23 nov. 2020.

ALBRECHT, P.-A. **Criminologia: uma fundamentação para o Direito Penal.** Tradução de Juarez Cirino dos Santos e Helena Schiessl Cardoso. Rio de Janeiro: Lumen Juris, 2010.

ALFREDO, L. Imagens trazidas no livro Holocausto Brasileiro acerca da realidade do Hospital Colônia. In: ARBEX, D. **Holocausto Brasileiro.** Rio de Janeiro: Intrínseca, 2013.

ALVES, F. W. A. Caracterização e base teórica da criminologia multifatorial. **Revista Transgressões Ciências Criminais em Debate**, Natal, v. 2, n. 2, p. 121-132, 2014. Disponível em: <https://periodicos.ufrn.br/transgressoes/article/view/6447/4984>. Acesso em: 23 nov. 2020.

ANTÓN, T. S. V. **Fundamentos del sistema penal:** acción significativa y derechos constitucionales. 2. ed. Valência: Tirant lo Blanch, 2011.

ARBEX, D. **Holocausto Brasileiro.** Rio de Janeiro: Intrínseca, 2013.

ARNAUD, A.-J. **O direito traído pela filosofia.** Porto Alegre: SAFE, 1991.

ASSOCIAÇÃO DO MINISTÉRIO PÚBLICO DE MINAS GERAIS. Tortura e abandono em hospitais de custódia pelo Brasil. **Jusbrasil**, 2013. Disponível em: <https://amp-mg.jusbrasil.com.br/noticias/100347947/tortura-e-abandono-em-hospitais-de-custodia-pelo-brasil>. Acesso em: 23 nov. 2020.

AVELAR, D. **Entrevista concedida pelo juiz de direito do Tribunal do Júri a Kauana Vieira da Rosa Kalache.** Curitiba, 2020.

BADARÓ, G. H. **Processo penal.** 3 ed. São Paulo: Revista dos Tribunais, 2015.

BADARÓ, G. H. R. Professor detalha cada uma das novas cautelares. **Revista Consultor Jurídico**, 1 set. 2011. Disponível em: <https://www.conjur.com.br/2011-set-01/professor-usp-detalha-cada-novas-medidas-cautelares>. Acesso em: 23 nov. 2020.

BARATTA, A. **Criminologia crítica e crítica do Direito Penal**: introdução à Sociologia do Direito Penal. Tradução de Juarez Cirino dos Santos. 6. ed. Rio de Janeiro: Revan, 2011.

BARBIÉRI, L. F. CNJ registra pelo menos 812 mil presos no país; 41,5% não têm condenação. **Portal G1**, Brasília, 17 jul. 2019. Disponível em: <https://g1.globo.com/politica/noticia/2019/07/17/cnj-registra-pelo-menos-812-mil-presos-no-pais-415percent-nao-tem-condenacao.ghtml>. Acesso em: 23 nov. 2020.

BAUER, S. **American Prison**: a Reporter's Undercover Journey into the Business of Punishment. New York: Penguin Press, 2018.

BECCARIA, C. **Dos delitos e das penas**. São Paulo: CD, 2002.

BEDINELLI, T. A vida deles dentro do presídio é dormir, usar droga e comer. **El País Brasil**, 27 set. 2014. Disponível em: <https://brasil.elpais.com/brasil/2014/09/26/politica/1411760527_418875.html>. Acesso em: 23 nov. 2020.

BETIM, F. O escândalo de tortura no Pará que Bolsonaro e Moro consideram "besteira" e "mal-entendido". **El País Brasil**, 9 out. 2019. Disponível em: <https://brasil.elpais.com/brasil/2019/10/08/politica/1570570500_263393.html>. Acesso em: 23 nov. 2020.

BISHARAT, G. E. The Plea Bargain Machine. **Dilemas**: Revista de Estudos de Conflito e Controle Social, Rio de Janeiro, v. 7, n. 3, p. 767-795, jul./ago./set. 2014. Disponível em: <https://revistas.ufrj.br/index.php/dilemas/article/download/7242/5824>. Acesso em: 23 nov. 2020.

BRASIL. Constituição (1988). **Diário Oficial da União**, Poder Legislativo, Brasília, DF, 5 out. 1988. Disponível em: <http://www.planalto.gov.br/ccivil_03/constituicao/constituicao.htm>. Acesso em: 23 nov. 2020.

BRASIL. Decreto-Lei n. 2.848, de 7 de dezembro de 1940 – Código Penal. **Diário Oficial da União**, Poder Executivo, Rio de Janeiro, RJ, 31 dez. 1940. Disponível em: <http://www.planalto.gov.br/ccivil_03/decreto-lei/del2848compilado.htm>. Acesso em: 23 nov. 2020.

BRASIL. Decreto-Lei n. 3.689, de 3 de outubro de 1941 – Código de Processo Penal. **Diário Oficial da União**, Poder Executivo, Rio de Janeiro, RJ, 13 out. 1941. Disponível em: <https://www.planalto.gov.br/ccivil_03/decreto-lei/Del3689Compilado.htm>. Acesso em: 23 nov. 2020.

BRASIL, Lei n. 7.210, de 11 de julho de 1984. **Diário Oficial da União**, Poder Legislativo, Brasília, DF, 13 de jul. 1984. Disponível em: <http://www.planalto.gov.br/ccivil_03/leis/L7210compilado.htm>. Acesso em: 23 nov. 2020.

BRASIL, Lei n. 7.960, de 21 de dezembro de 1989. **Diário Oficial da União**, Poder Legislativo, Brasília, DF, 22 de dez. 1989. Disponível em: <http://www.planalto.gov.br/ccivil_03/LEIS/L7960.htm>. Acesso em: 23 nov. 2020.

BRASIL. Lei n. 8.069, de 13 de julho de 1990 – ECA. **Diário Oficial da União**, Poder Legislativo, Brasília, DF, 16 jul. 1990a. Disponível em: <http://www.planalto.gov.br/ccivil_03/leis/L8069compilado.htm>. Acesso em: 23 nov. 2020.

BRASIL. Lei n. 9.099, de 26 de setembro de 1995. **Diário Oficial da União**, Poder Legislativo, Brasília, DF, 27 set. 1995. Disponível em: <http://www.planalto.gov.br/ccivil_03/leis/l9099.htm>. Acesso em: 23 nov. 2020.

BRASIL. Lei n. 12.403, de 4 de maio de 2011. **Diário Oficial da União**, Poder Legislativo, Brasília, DF, 5 maio 2011. Disponível em: <https://www.planalto.gov.br/ccivil_03/_Ato2011-2014/2011/Lei/L12403.htm#art1>. Acesso em: 23 nov. 2020.

BRASIL. Lei n. 12.850, de 2 de agosto de 2013. **Diário Oficial da União**, Poder Legislativo, Brasília, DF, 5 ago. 2013. Disponível em: <http://www.planalto.gov.br/ccivil_03/_ato2011-2014/2013/lei/l12850.htm>. Acesso em: 23 nov. 2020.

BRASIL. Lei n. 13.964, de 24 de dezembro de 2019. **Diário Oficial da União**, Poder Legislativo, Brasília, DF, 24 dez. 2019a. Disponível em: <http://www.planalto.gov.br/ccivil_03/_ato2019-2022/2019/lei/L13964.htm>. Acesso em: 23 nov. 2020.

BRASIL. Ministério da Justiça e Segurança Pública. Departamento Penitenciário Nacional. **Levantamento nacional de informações penitenciárias** – Infopen Mulheres, 2ª edição. Brasília, 2018a. Disponível em: <https://legado.justica.gov.br/noticias-seguranca/collective-nitf-content-4>. Acesso em: 23 nov. 2020.

BRASIL. Ministério da Justiça e Segurança Pública. Departamento Penitenciário Nacional. **Ministério da Segurança Pública divulga relatório sobre o uso de tornozeleiras eletrônicas**. Brasília, 20 dez. 2018b. Disponível em: <https://www.justica.gov.br/news/collective-nitf-content-1545159104.96>. Acesso em: 23 nov. 2020. Acesso em: 30 jul. 2020.

BRASIL. Ministério da Segurança Pública. **Diagnóstico sobre a política de monitoração eletrônica**. Brasília, 2018c. Disponível em: <https://www.undp.org/content/dam/brazil/docs/publicacoes/paz/diagnostico-monitoracao-eletronica-2017.pdf>. Acesso em: 18 ago. 2020.

BRASIL. Senado Federal. Projeto de Lei n. 8.045/2010a – Código de Processo Penal. Disponível em: <https://www.camara.leg.br/proposicoesWeb/fichadetramitacao?idProposicao=490263>. Acesso em: 23 nov. 2020.

BRASIL. Superior Tribunal Federal. Habeas Corpus: HC 132.511 – PR 0000517-57.2016.1.00.0000, de 9 de junho de 2017a. **Jusbrasil**. Disponível em: <https://stf.jusbrasil.com.br/jurisprudencia/769813993/habeas-corpus-hc-132511-pr-parana-0000517-5720161000000/inteiro-teor-769814003?ref=serp>. Acesso em: 23 nov. 2020.

BRASIL. Superior Tribunal Federal. Habeas Corpus: HC 143.641 – SP, de 6 de abril de 2018d. Disponível em: <https://www.jusbrasil.com.br/diarios/281488446/stj-31-01-2020-pg-19248>. Acesso em: 23 nov. 2020.

BRASIL. Superior Tribunal Federal. Habeas Corpus: HC 98.665 PI, de 16 de dezembro de 2010b. **Jusbrasil**. Disponível em: <https://stf.jusbrasil.com.br/jurisprudencia/17701423/habeas-corpus-hc-98665-pi>. Acesso em: 23 nov. 2020.

BRASIL. Superior Tribunal Federal. Medida cautelar na Ação Direta de Inconstitucionalidade 6.298 – Distrito Federal. Brasília, 22 de janeiro de 2020a. Disponível em: <http://www.stf.jus.br/arquivo/cms/noticiaNoticiaStf/anexo/ADI6298.pdf>. Acesso em: 23 nov. 2020.

BRASIL. Superior Tribunal Federal. Súmula n. 145, de 13 de outubro de 2003a. Disponível em: <http://www.stf.jus.br/portal/jurisprudencia/menuSumarioSumulas.asp?sumula=2119>. Acesso em: 23 nov. 2020.

BRASIL. Superior Tribunal Federal. Súmula n. 697, de 13 de outubro de 2003b. Disponível em: <http://www.stf.jus.br/portal/jurisprudencia/menuSumarioSumulas.asp?sumula=2781>. Acesso em: 23 nov. 2020.

BRASIL. Superior Tribunal de Justiça. AgRg no Agravo em Recurso Especial n. 1.098.654 – PR 2017/0113923-5, de 20 de setembro de 2017b. **Jusbrasil**. Disponível em: <https://stj.jusbrasil.com.br/jurisprudencia/504972926/agravo-regimental-no-agravo-em-recurso-especial-agrg-no-aresp-1098654-pr-2017-0113923-5/inteiro-teor-504972936?ref=juris-tabs>. Acesso em: 23 nov. 2020.

BRASIL. Superior Tribunal de Justiça. Habeas Corpus: HC 33.401 – RJ 2004/0011560-7, de 28 de setembro de 2004. **Jusbrasil**. Disponível em: <https://stj.jusbrasil.com.br/jurisprudencia/7282484/habeas-corpus-hc-33401-rj-2004-0011560-7-stj>. Acesso em: 23 nov. 2020.

BRASIL. Superior Tribunal de Justiça. Habeas Corpus: HC 228.513 – DF 2011/0303161-2, de 27 de abril de 2012a. **Jusbrasil**. Disponível em: <https://stj.jusbrasil.com.br/jurisprudencia/21538546/habeas-corpus-hc-228513-df-2011-0303161-2-stj/relatorio-e-voto-21538548>. Acesso em: 23 nov. 2020.

BRASIL. Superior Tribunal de Justiça. Habeas Corpus: HC 384133 - AL 2016/0337535-6, de 23 de outubro de 2012b. Disponível em: <https://stj.jusbrasil.com.br/jurisprudencia/450109568/habeas-corpus-hc-384133-al-2016-0337535-6>. Acesso em: 23 nov. 2020.

BRASIL. Superior Tribunal de Justiça. Habeas Corpus: HC 485.355 - CE 2018/0340228-9, de 26 de março de 2019b. **Revista Eletrônica de Jurisprudência n. 7**. Disponível em: <https://stj.jusbrasil.com.br/jurisprudencia/690675592/habeas-corpus-hc-485355-ce-2018-0340228-9/relatorio-e-voto-690675640>. Acesso em: 23 nov. 2020.

BRASIL. Superior Tribunal de Justiça. Habeas Corpus: HC 513.199 – ES 2019/0157313-7, de 7 de outubro de 2019c. **Conjur**. Disponível em: <https://www.conjur.com.br/dl/hc-medidas-socioeducativas.pdf>. Acesso em: 23 nov. 2020.

BRASIL. Superior Tribunal de Justiça. Habeas Corpus: HC 553.108 SP 2019/0379785-8, de 3 de março de 2020b. **Jusbrasil**. Disponível em: <https://stj.jusbrasil.com.br/jurisprudencia/861756666/habeas-corpus-hc-553108-sp-2019-0379785-8?ref=legal-quote-trigger>. Acesso em: 23 nov. 2020.

BRASIL. Superior Tribunal de Justiça. Súmula, n. 21, de 11 de dezembro de 1990b. Disponível em: <http://www.stj.jus.br/docs_internet/SumulasSTJ.pdf>. Acesso em: 23 nov. 2020.

BRASIL. Superior Tribunal de Justiça. Súmula, n. 52, de 24 de setembro de 1992. Disponível em: <http://www.stj.jus.br/docs_internet/SumulasSTJ.pdf>. Acesso em: 23 nov. 2020.

BRASIL. Superior Tribunal de Justiça. Súmula, n. 492, de 13 de agosto de 2012b. Disponível em: <http://www.stj.jus.br/docs_internet/SumulasSTJ.pdf>. Acesso em: 23 nov. 2020.

BUSATO, P. C. **Regime disciplinar diferenciado como produto de um direito penal de inimigo**. Disponível em: <http://egov.ufsc.br/portal/sites/default/files/anexos/12561-12562-1-PB.pdf>. Acesso em: 23 nov. 2020.

CANÁRIO, P. Em parecer, MPF defende prisões preventivas para forçar réus a confessar. **Consultor Jurídico**, 27 nov. 2014. Disponível em: <https://www.conjur.com.br/2014-nov-27/parecer-mpf-defende-prisoes-preventivas-forcar-confissoes>. Acesso em: 23 nov. 2020.

CEARÁ. Tribunal de Justiça do Estado do Ceará. Habeas Corpus: HC 0633261-98.2019.8.06.0000 CE 0633261-98.2019.8.06.0000, de 4 de fevereiro de 2020. **Jusbrasil**. Disponível em: <https://tj-ce.jusbrasil.com.br/jurisprudencia/805325823/habeas-corpus-hc-6332619820198060000-ce-0633261-9820198060000/inteiro-teor-805325911?ref=juris-tabs>. Acesso em: 23 nov. 2020.

CNJ - Conselho Nacional de Justiça. Recibo de cadastro de inspeção. Altamira, 2019. Disponível em: <https://www.migalhas.com.br/arquivos/2019/7/art20190730-03.pdf>. Acesso em: 23 nov. 2020.

COUTINHO, J. de M. Introdução aos princípios gerais do Processo Penal Brasileiro. **Revista da Faculdade de Direito da UFPR**, Curitiba, v. 30, n. 0, p. 163-198, 1998. Disponível em: <https://revistas.ufpr.br/direito/article/view/1892/1587>. Acesso em: 23 nov. 2020.

COUTINHO, J. N. de M. **Bate-papo jurídico Tirant lo Blanch, por Leonardo Rodrigues**. São Paulo, 13 abr. 2020, 19h. Instagram: @tirantbrasil. Disponível em: <https://www.instagram.com/p/B-5p5W8DNmU/?igshid=m3t11bktsrmg>. Acesso em: 23 nov. 2020.

DOBBIE, W.; GOLDIN, J.; YANG, C. S. The Effects of Pretrial Detention on Conviction, Future Crime, and Employment: Evidence from Randomly Assigned Judges. **American Economic Review**, Pittsburgh, v. 108, n. 2, p. 201-240, 2018. Disponível em: <https://pubs.aeaweb.org/doi/pdf/10.1257/aer.20161503>. Acesso em: 23 nov. 2020.

DUARTE, T. de L. et al. Repercussões psicológicas do isolamento de contato: uma revisão. **Psicologia Hospitalar**, São Paulo, v. 13, n. 2, p. 88-113, 2015. Disponível em: <http://pepsic.bvsalud.org/scielo.php?script=sci_arttext&pid=S1677-74092015000200006>. Acesso em: 23 nov. 2020.

FARIAS, V.; MOTA, E. MPF diz que presidiários estão sofrendo torturas generalizadas no Pará. **Congresso em Foco**, 8 out. 2019. Disponível em: <https://congressoemfoco.uol.com.br/direitos-humanos/mpf-diz-que-presidiarios-estao-sofrendo-torturas-generalizadas-no-para/>. Acesso em: 23 nov. 2020.

FELDENS, L. **Direitos fundamentais e direito penal**: a constituição penal. Porto Alegre: Livraria do Advogado Editora, 2012.

FERNANDES, A.; CARDIM, M. E.; GONÇALVES, R. Desde 2017, 259 presos foram mortos em rebeliões e conflitos em todo o país. **Correio Braziliense**, 30 jul. 2019. Disponível em: <https://www.correiobraziliense.com.br/app/noticia/brasil/2019/07/30/interna-brasil,774493/desde-2017-259-presos-foram-mortos-em-rebelioes-e-conflitos-no-pais.shtml>. Acesso em: 23 nov. 2020.

FERNANDES, B. da S. Cesare Lombroso e a teoria do criminoso nato. **Canal Ciências Criminais**, 13 set. 2018. Disponível em: <https://canalcienciascriminais.com.br/cesare-lombroso-criminoso-nato/>. Acesso em: 23 nov. 2020.

FERRAJOLI, L. **Direito e razão**: teoria do garantismo penal. Tradução de Ana Paulo Zomer et al. São Paulo: Revista dos Tribunais, 2002.

FOUCAULT, M. **Vigiar e punir**: nascimento da prisão. 41. ed. Petrópolis: Vozes, 2013.

FREUD, S. **Psicologia das massas e análise do eu**. 10. ed. Porto Alegre: L&PM Editores, 2019.

FROÉS, F. P. **Recurso ordinário em mandado de segurança – MS 24976/DF**. Disponível em: <https://www.conjur.com.br/dl/portaria-restringiu-visitas-presos.pdf>. Acesso em: 23 nov. 2020.

GIVISIEZ, F. M. Sistema prisional: uma tragédia anunciada. **Anistia Internacional**, 13 jan. 2017. Entrevista. Disponível em: <https://ultimosegundo.ig.com.br/brasil/2017-01-03/manaus-mortes-anistia.html>. Acesso em: 23 nov. 2020.

GOIÁS. Diário da Justiça Eletrônico, ano XIII, edição n. 2959, seção III, p. 71. **Diário de Justiça do Estado de Goiás (DJGO)**, Poder Judiciário, 26 de março de 2020. Disponível em: <http://tjdocs.tjgo.jus.br/documentos/543802>. Acesso em: 23 nov. 2020.

GOIÁS. Tribunal de Justiça do Estado de Goiás. Habeas Corpus 0122373-17.2017.8.09.0000, de 7 de julho de 2017. **Jusbrasil**. Disponível em: <https://tj-go.jusbrasil.com.br/jurisprudencia/477091936/habeas-corpus-1223731720178090000?ref=serp>. Acesso em: 23 nov. 2020.

HESPANHA, A. M. **A política perdida:** ordem e governo antes da Modernidade. Curitiba: Juruá, 2010.

HESPANHA, A. M. **Cultura Jurídica Europeia:** síntese de um milênio. Florianópolis: Fundação Boiteux, 2012.

HOLANDA enfrenta "crise penitenciária": sobram celas, faltam condenados. **BBC News Brasil**, 19 out. 2018. Disponível em: <https://www.bbc.com/portuguese/internacional-37966875>. Acesso em: 23 nov. 2020.

HUSAK, D. N. **Legalize This!: the Case for Decriminalizing Drugs**. New York: Verso, 2002.

IDEOLOGIA pessoal define decisões de juízes. **Revista Consultor Jurídico**, 6 jul. 2012. Disponível em: <https://www.conjur.com.br/2012-jul-06/ideologia-pessoal-define-decisoes-juizes-estudo-ufpr>. Acesso em: 23 nov. 2020.

IMAGENS de interior de instituição destinada a internação de menores infratores. Disponível em: <https://www1.folha.uol.com.br/cotidiano/2017/06/1894389-tortura-em-centros-do-pais-para-jovens-infratores-choca-orgaos-internacionais.shtml>. Acesso em: 23 nov. 2020.

ISAAC, F. F.; CAMPOS, T. de P. R. de. O encarceramento feminino no Brasil. **Centro de Estudos Estratégicos da Fiocruz**, 25 jun. 2019. Disponível em: <https://cee.fiocruz.br/?q=node/997>. Acesso em: 23 nov. 2020.

JANET, P. **L'évolution psychologique de la personnalité**. Paris: Éditions A. Chahine, 1929.

JUVENILE Justice & the Adolescent Brain. **Massachusetts General Hospital** – Center for Law, Brain & Behavior. Disponível em: <http://clbb.mgh.harvard.edu/juvenilejustice/>. Acesso em: 23 nov. 2020.

KALACHE, K. V. da R. Ausência de capacidade de aprendizagem, privatização carcerária e repetição de um sistema falido. **Canal de Ciências Criminais**, 29 set. 2019 Disponível em: <https://canalcienciascriminais.com.br/author/kauana-kalache/>. Acesso em: 23 nov. 2020.

KALACHE, K. V. da R. A relação de amor e justiça e a função não pulsional do jurista em António Manuel Hespanha. In: PONS, M.; SOUZA, A. P. de. (Org.). **De história e historigrafia do direito em homenagem ao professor António Manuel Hespanha**. Curitiba: Intersaberes, 2020.

KALACHE, K. V. da R.; SOUZA, A. P. de. A privatização do sistema carcerário sob a perspectiva materialista histórica. In: CONGRESSO BRASILEIRO DE HISTÓRIA DO DIREITO, 11., 2019, Curitiba. **Anais...** Curitiba: IBDH, 2019, p. 61-73. Disponível em: <https://ibhd.org.br/wp-content/uploads/2020/07/Anais-2019.pdf>. Acesso em: 23 nov. 2020.

KRAPP, J. Pesquisa revela dados sobre o consumo de drogas no Brasil. **Fiocruz**, 8 ago. 2019. Disponível em: <https://portal.fiocruz.br/noticia/pesquisa-revela-dados-sobre-o-consumo-de-drogas-no-brasil>. Acesso em: 23 nov. 2020.

LOMBROSO, C. **O homem delinquente**. 3. ed. São Paulo: Ícone, 2017.

LOMBROSO, C.; FERRERO, G. **A mulher delinquente:** a prostituta e a mulher normal. Curitiba: Antoniofontoura, 2017.

LOPES JUNIOR, A. **Direito Processual Penal**. 10. ed. São Paulo: Saraiva, 2013.

LOPES JUNIOR, A.; ROSA, A. M. da. Entenda o impacto do Juiz das Garantias no Processo Penal. **Consultor Jurídico**, 27 dez. 2019. Disponível em: <https://www.conjur.com.br/2019-dez-27/limite-penal-entenda-impacto-juiz-garantias-processo-penal>. Acesso em: 23 nov. 2020.

MADEIRO, C. Tortura em centros do país para jovens infratores choca órgãos internacionais. **Folha de S. Paulo**, 20 jun. 2017. Disponível em: <https://www1.folha.uol.com.br/cotidiano/2017/06/1894389-tortura-em-centros-do-pais-para-jovens-infratores-choca-orgaos-internacionais.shtml>. Acesso em: 23 nov. 2020.

MANN, T. **A montanha mágica**. 1. ed. São Paulo: Companhia das Letras, 2016.

MELOSSI, D.; PAVARINI, M. **Cárcere e fábrica**: as origens do sistema penitenciário (séculos XVI e XIX). 2. ed. Rio de Janeiro: Revan, 2017.

MATO GROSSO. Tribunal de Justiça do Estado de Mato Grosso. Recurso em Sentido Estrito: RSE 0003110-38.2016.8.11.0010 27824/2017, de 27 de junho de 2017. **Jusbrasil**. Disponível em: <https://tj-mt.jusbrasil.com.br/jurisprudencia/473180237/recurso-em-sentido-estrito-rse-31103820168110010-27824-2017?ref=serp>. Acesso em: 23 nov. 2020.

MATO GROSSO DO SUL. Tribunal de Justiça do Estado de Mato Grosso do Sul. Habeas Corpus Criminal: HC 1402012-94.2020.8.12.0000 MS 1402012-94.2020.8.12.0000, de 30 de março de 2020. **Jusbrasil**. Disponível em: <https://tj-ms.jusbrasil.com.br/jurisprudencia/826468892/habeas-corpus-criminal-hc-14020129420208120000-ms-1402012-9420208120000?ref=serp>. Acesso em: 23 nov. 2020.

MINAS GERAIS. Tribunal de Justiça do Estado de Minas Gerais. Apelação Criminal: APR 10241130044894001 MG, de 17 de abril de 2015. **Jusbrasil**. Disponível em: <https://tj-mg.jusbrasil.com.br/jurisprudencia/182315698/apelacao-criminal-apr-10241130044894001-mg/inteiro-teor-182315788?ref=serp>. Acesso em: 23 nov 2020.

MIGALHAS. **Um dia após massacre, CNJ aponta "péssimas condições" em presídio de Altamira/PA.** Disponível em: <https://www.migalhas.com.br/quentes/307648/um-dia-apos-massacre-cnj-aponta-pessimas-condicoes-em-presidio-de-altamira-pa>. Acesso em: 23 nov. 2020.

MINAS GERAIS. Tribunal de Justiça do Estado de Minas Gerais. Habeas Corpus Criminal 10000181259680000, de 4 de fevereiro de 2019. **Jusbrasil**. Disponível em: <https://tj-mg.jusbrasil.com.br/jurisprudencia/671922550/habeas-corpus-criminal-hc-10000181259680000-mg/inteiro-teor-671922645>. Acesso em: 23 nov. 2020.

NEVES, S.; SOUZA FILHO, W. R. de; ZANELLATI, F. C. Sobre as novas regras para a fiança criminal da devolução dos bens e valores dados como fiança. **Ministério Público do Estado de Goiás**, 2011. Disponível em: <http://www.mpgo.mp.br/portal/system/resources/W1siZiIsIjIwMTMvMDQvMTkvMTRfMzVfNDRfNDc4X1NvYnJlX2FzX25vdmFzX3JlZ3Jhc19wYXJhX2FfZmlhblx1MDBlN2FfY3JpbWluYWxfZGFfZGV2b2x1XHUwMGU3XHUwMGUzb19kb3NfYm Vuc19lX3ZhbG9yZXNfZGFkb3NfY29tb19maWFuXHUwMGU3YS5wZGYiXV0/Sobre%20as%20novas%20regras%20para%20a%20fian%C3%A7a%20criminal%20da%20devolu%C3%A7%C3%A3o%20dos%20bens%20e%20valores%20dados%20como%20fian%C3%A7a.pdf>. Acesso em: 23 nov. 2020.

NÓBREGA, A. de O. Teoria do delito e o princípio da insignificância. **Migalhas**, 28 mar. 2018. Disponível em: <https://www.migalhas.com.br/depeso/277175/teoria-do-delito-e-principio-da-insignificancia>. Acesso em: 23 nov. 2020.

NÚMERO de presos mortos. **Migalhas**, de 30 de julho de 2019. Disponível em: <https://www.migalhas.com.br/quentes/307648/um-dia-apos-massacre-cnj-aponta-pessimas-condicoes-em-presidio-de-altamira-pa>. Acesso em: 23 nov. 2020.

OFFICE OF THE INSPECTOR GENERAL. Review of the Federal Bureau of Prisons' Monitoring of Contract Prisons. August 2016. Disponível em: <https://oig.justice.gov/reports/2016/e1606.pdf>. Acesso em: 23 nov. 2020.

PACELLI, E.; COSTA, D. B. **Prisão preventiva e liberdade provisória:** a reforma da lei n. 12.403/11. São Paulo: Atlas S.A., 2013.

PACHUKANIS, E. **Teoria geral do Direito e marxismo**. São Paulo: Editora Acadêmica, 1988.

PARANÁ. Tribunal de Justiça do Paraná TJ-PR, Habeas Corpus Crime: HC 310647 PR Habeas Corpus Crime - 0031064-7, de 17 de fevereiro de 1994. Disponível em: <https://tj-pr.jusbrasil.com.br/jurisprudencia/4045771/habeas-corpus-crime-hc-310647>. Acesso em: 23 nov. 2020.

PASTORAL CARCERÁRIA. Nota técnica contra a proposta de privatização dos presídios em SP. **Pastoral Carcerária**, 9 maio 2019. Disponível em: <https://carceraria.org.br/agenda-nacional-pelo-desencareramento/nota-tecnica-sobre-a-proposta-de-privatizacao-dos-presidios-em-sp>. Acesso em: 23 nov. 2020.

PRADO, A. Presos rebelados Penitenciária Estadual de Alcaçuz, Rio Grande do Norte. **Folhapress**, de 16 de janeiro de 2017. Disponível em: <https://www1.folha.uol.com.br/paywall/login.shtml?https://www1.folha.uol.com.br/cotidiano/2017/01/1850276-presos-ainda-controlam-ala-de-presidio-no-rn-apesar-da-presenca-da-policia.shtml>. Acesso em: 23 nov. 2020.

RONDÔNIA. Tribunal de Justiça do Estado de Rondônia. Apelação Criminal: APR: 1114873-52.2006.822.0501 RO 1114873-52.2006.822.0501, de 23 de abril de 2007. **Jusbrasil**. Disponível em: <https://tj-ro.jusbrasil.com.br/jurisprudencia/295070857/apelacao-criminal-apr-11148735220068220501-ro-1114873-5220068220501/inteiro-teor-295070879?ref=serp>. Acesso em: 23 nov. 2020.

SAIBRO, H. **A provisionalidade das medidas cautelares**. Canal Ciências Criminais, 18 ago. 2015. Disponível em: <https://canalcienciascriminais.com.br/a-provisionalidade-das-medidas-cautelares/>. Acesso em: 23 nov. 2020.

SALLA, F. As rebeliões nas prisões: novos significados a partir da experiência brasileira. **Sociologias** [online], Porto Alegre, ano 8, n. 16, p. 274-307, jul./dez 2006. Disponível em: <https://www.scielo.br/pdf/soc/n16/a11n16.pdf>. Acesso em: 23 nov. 2020.

SANTANA, A. C. A metodologia de Luigi Ferrajoli para a produção de pronunciamentos judiciais penais. **Revista de Teorias do Direito e Realismo Jurídico**, Florianópolis, v. 4, n. 2, p. 1-20, jul./dez. 2018. Disponível em: <https://indexlaw.org/index.php/teoriasdireito/article/view/4694/pdf>. Acesso em: 23 nov. 2020.

SANTOS, J. C. dos. **Direito penal**: parte geral. 4. ed. rev. ampl. Florianópolis: Conceito Editorial, 2010.

SANTOS, A. L. G. dos.; FARIAS, F. R. de.; PINTO, D. de S. Por uma sociedade sem hospitais de custódia e tratamento psiquiátrico. **História, Ciências, Saúde – Manguinhos**, Rio de Janeiro, v. 22, n. 4, p. 1215-1230, out./dez. 2015. Disponível em: <https://www.scielo.br/pdf/hcsm/v22n4/0104-5970-hcsm-22-4-1215.pdf>. Acesso em: 23 nov. 2020.

SEGURA, L. Ohio's Governor Stopped an Execution over Fears It Would Feel Like Waterboarding. **The Intercept**, 7 fev. 2019. Disponível em: <https://theintercept.com/2019/02/07/death-penalty-lethal-injection-midazolam-ohio/>. Acesso em: 23 nov. 2020.

SERVIÇO DE COMUNICAÇÃO SOCIAL DO DEPEN. Disponível em: <http://depen.gov.br/DEPEN/forca-tarefa-permanece-nos-presidios-do-para-ate-janeiro>. Acesso em: 23 nov. 2020.

SFAIR, Angelo. Caso Daniel: Justiça do Paraná nega tornozeleira a Edison Brittes. **Paraná Portal**, 6 dez. 2019. Disponível em: <https://paranaportal.uol.com.br/cidades/edison-brittes-tornozeleira-justica-do-parana-caso-daniel/>. Acesso em: 23 nov. 2020.

SISTEMA carcerário e execução penal. **CNJ**. Disponível em: <https://www.cnj.jus.br/sistema-carcerario/cidadania-nos-presidios/>. Acesso em: 23 nov. 2020.

STRECK, L. L. Como decidem os juízes? Os dramas das filhas influenciam suas decisões? **Consultor Jurídico**, 19 jun. 2014. Disponível em: <https://www.conjur.com.br/2014-jun-19/senso-incomum-dramas-filha-influenciam-juiz-decidir>. Acesso em: 23 nov. 2020.

TRF-4 – TRIBUNAL REGIONAL FEDERAL DA 4ª REGIÃO. Recurso Criminal em Sentido Estrito: RCCR 5000327-55.2017.404.7002 PR 5000327-55.2017.404.7002, de 1º de agosto de 2017. **Jusbrasil**. Disponível em: <https://trf-4.jusbrasil.com.br/jurisprudencia/484605918/recurso-criminal-em-sentido-estrito-rccr-50003275520174047002-pr-5000327-5520174047002/inteiro-teor-484605938>. Acesso em: 23 nov. 2020.

TRF-4 – TRIBUNAL REGIONAL FEDERAL DA 4ª REGIÃO. Apelação Criminal: ACR 5008579-82.2019.4.04.7000 PR 5008579-82.2019.4.04.7000, de 13 de agosto de 2019. **Jusbrasil**. Disponível em: <https://trf-4.jusbrasil.com.br/jurisprudencia/768756407/apelacao-criminal-acr-50085798220194047000-pr-5008579-8220194047000/inteiro-teor-768756450>. Acesso em: 23 nov. 2020.

OFFICE OF THE INSPECTOR GENERAL. Review of the Federal Bureau of Prisons' Monitoring of Contract Prisons. August 2016. Disponível em: <https://oig.justice.gov/reports/2016/e1606.pdf>. Acesso em: 23 nov. 2020.

VARELLA, D. **Prisioneiras**. 1. ed. São Paulo: Companhia das Letras, 2017.

Sobre a autora

Kauana Vieira da Rosa Kalache é bacharel em Direito pela Pontifícia Universidade Católica do Paraná, mestra (LLM – *Masters in Law*) em Direito Penal pela Universidade da Califórnia (UCLA), mestranda bolsista 100% no programa de excelência do Centro Universitário Internacional (Uninter), especialista em Direito Penal e Criminologia pelo Instituto de Criminologia e Políticas Criminais. É professora de Direito Penal, Processo Penal, inglês jurídico e advogada criminalista.

Os papéis utilizados neste livro, certificados por instituições ambientais competentes, são recicláveis, provenientes de fontes renováveis e, portanto, um meio responsável e natural de informação e conhecimento.

FSC
www.fsc.org
MISTO
Papel produzido a partir de fontes responsáveis
FSC® C103535

Impressão: Reproset
Fevereiro/2021